Siguiendo el camino de Jesús

POR MICHAEL B. CURRY

Con reflexiones de
Megan Castella, Kellan Day, Nora Gallagher,
Broderick Greer, Anthony Guillén, and Robert Wright

Traducido por
Adrian E. Cardenas-Torres

Church Publishing
NEW YORK

Church Publishing
19 East 34th Street
New York, NY 10016
www.churchpublishing.org

Arte de la portada *A lo lejos*, Revd Ernesto Lozada-Uzuriaga Steele
Diseño de la portada por Jennifer Kopec, 2Pug Design
Tipografía por Beth Oberholtzer

Datos de catalogación en publicación de la Biblioteca del Congreso
Un registro de este libro está disponible en la Biblioteca del Congreso.

ISBN-13: 978-1-64065-328-3 (tapa blanda)
ISBN-13: 978-1-64065-329-0 (libro electrónico)

Contenido

Introducción

Jesús no creó una institución, si bien estas pueden servir a su causa. Ni organizó un partido político, aunque sus enseñanzas tienen un impacto profundo en la política. Jesús ni siquiera fundó una religión. No, Jesús inició un movimiento, alimentado por su Espíritu, un movimiento cuyo propósito era y es transformar este mundo de la pesadilla que a menudo es, en el sueño y la visión que Dios desea.

Hace pocos meses atrás fui entrevistado sobre el Movimiento de Jesús durante una conversación que sostuvimos en una de nuestras diócesis. El entrevistador deliberadamente me interpeló diciendo: "La Iglesia tiene su propia manera de subirse al tren de la novedad, para luego, cuando aparece alguna otra cosa, hacerlo de nuevo. Es como cuando hablamos de que algo es "la sensación del momento". Pues bien, ¿es el Movimiento de Jesús la nueva sensación del momento?

Esta es una buena pregunta, porque detrás de ella se esconde la cuestión de lo que realmente está en juego. Y creo que la fidelidad y efectividad de la Iglesia, todo el propósito de nuestro ministerio y existencia está en juego. Somos, después de todo, y ante todo, la rama episcopal del movimiento de Jesús.

Por eso considero que es muy importante que cualquiera que piense en la práctica del ministerio episcopal para el próximo siglo considere seriamente la pregunta: ¿qué es el Movimiento de Jesús? Y ¿qué tiene que ver con el ministerio de la Iglesia Episcopal? Es por eso que me tomé el tiempo para desarrollar los sermones que he predicado desde que soy obispo presidente y convertirlos en un conjunto de capítulos iniciales. Deseo aquí expresar mi agradecimiento a los líderes que se me han sumado compartiendo sus reflexiones sobre las prioridades ministeriales para el Movimiento de Jesús.

- A mucha gente le encantan los blogs de Megan Castellan en https://redshoesfunnyshirt.com. En su capítulo, ella se enfoca en la evangelización y la difusión de las Buenas Nuevas que hemos recibido de Jesús, las buenas noticias que seguramente cambiarán al mundo. Megan es la Rectora Asistente de la parroquia de San Pablo en Kansas City, Missouri, y coordinadora de la Red Juvenil del Norte para la Diócesis del Oeste de Missouri.

- Anthony Guillén, Director de Ministerios Étnicos para la Iglesia Episcopal, trae consigo muchas perspectivas y voces juntas en su reflexión sobre el lanzamiento de nuevos ministerios en contextos multiculturales.

- Kellan Day nos ofrece pensamientos claves sobre el ministerio adulto joven, un área que es crucial si queremos proclamar el Evangelio a la generación venidera. Ella sirve como Misionera para Adultos Jóvenes en la Diócesis del Oeste de Michigan.

- Broderick Greer es un sacerdote miembro del personal de la Iglesia Episcopal de la Gracia-San Lucas en Memphis, Tennessee. Sus videos y escritos en www.broderickgreer. com incluyen, en igual medida, desafío e inspiración, y nos escribe el capítulo sobre la práctica de la reconciliación racial y la justicia.

- Una de mis autoras favoritas (quien resulta ser episcopal), Nora Gallagher nos comparte sus reflexiones respecto al ministerio que abraza al reino de Dios aquí mismo en la tierra. Sus libros incluyen *Practicando la resurrección* y *Cosas visibles e invisibles*.

• Y Robert Wright, el obispo de la Diócesis de Atlanta, nos presenta a fondo el concepto de adaptación al cambio, o sobre el cómo dirigir instituciones y personas hacia nuevas direcciones y liderar verdaderamente un movimiento.

Este volumen forma parte de la serie *Enseñanzas de la Iglesia para un mundo cambiante*, una colección de libros que reintroduce lo esencial de las enseñanzas y fe episcopales. Editado por mis amigos y colegas Stephanie Spellers y Eric Law. Cada uno de estos libros trata de aportar una combinación de profundo contenido y accesibilidad real. Queremos que todos se sientan cómodos abriendo estas páginas: líderes de la Iglesia enfrentando grandes desafíos en sus comunidades locales, seminaristas preparándose para los exámenes de ordenación, recién llegados que han oído sobre este "Movimiento de Jesús" y que ahora desean saber cómo esto afecta la manera cómo los episcopales practican su fe. Ante todo, ruego que lo expuesto aquí anime a lectores de todos los tipos, y les envíe revitalizados y llenos de energía para continuar en el camino amoroso, liberador y vivificante de Jesucristo.

Capítulo 1

Bienvenidos al Movimiento de Jesús

> Los que estaban reunidos con Jesús [los discípulos],
> le preguntaron:
>
> —Señor, ¿vas a restablecer en este momento el reino
> de Israel?
>
> Jesús les contestó:
>
> —No les corresponde a ustedes conocer el día o el
> momento que el Padre ha fijado con su propia autori-
> dad; pero cuando el Espíritu Santo venga sobre ust-
> edes, recibirán poder y saldrán a dar testimonio de mí,
> en Jerusalén, en toda la región de Judea y de Samaria,
> y hasta en las partes más lejanas de la tierra.
>
> (Hechos 1:6–8)

En última instancia, el Movimiento de Jesús es una metáfora. Las imágenes, las metáforas y las formas de discurso simbólico son una manera de ayudarlo a uno a captar cosas más profundas y complejas de manera accesible y memorable. Este Movimiento de Jesús no es un invento del siglo XXI o un retroceso a los "Freaks de Jesús" de la década de 1960 o una mezcla retórica de mi creación. Estamos hablando de avanzar como Iglesia volviendo a nuestras raíces más profundas como discípulos de Jesucristo.

Los eruditos del Nuevo Testamento y otros especialistas en los orígenes del cristianismo a menudo se refieren al movimiento

1

El Movimiento de Jesús: estamos siguiendo a Jesús y desarrollando una relación amorosa, liberadora y vivificante con Dios, entre nosotros mismos y con la creación.

cristiano en sus inicios como el "Movimiento de Jesús". Rodney Stark, un sociólogo de la religión que estudió los orígenes cristianos primitivos, la expansión y el crecimiento del cristianismo, ha escogido el sugerente título a continuación para su obra: *El triunfo del cristianismo: cómo el movimiento de Jesús se convirtió en la religión más grande del mundo*. No es una adaptación del triunfalismo cristiano, sino una descripción de la evolución del movimiento que Jesús inauguró en la Iglesia.

Stark es específico y prolífico en este tema. Él explica cómo el cristianismo creció como un movimiento para dar nueva vida al judaísmo y a las personas quebrantadas:

> El cristianismo sirvió como un movimiento de revitalización que surgió en respuesta a la miseria, el caos, el miedo y la brutalidad de la vida en el mundo urbano grecorromano ... Para las ciudades llenas de personas sin hogar y empobrecidas, el cristianismo ofrecía caridad y esperanza. Para las ciudades llenas de recién llegados y extraños, el cristianismo ofreció una base inmediata para los vínculos y apegos. Para las ciudades llenas de huérfanos y viudas, el cristianismo proporcionó un nuevo y expandido sentido de familia. Para las ciudades desgarradas por violentas luchas étnicas, el cristianismo ofreció una nueva base para la solidaridad social.[1]

Entonces, cuando usamos la frase "Movimiento de Jesús", en realidad estamos apuntando hacia los primeros días de las enseñanzas de Jesús y sus seguidores movilizados en el poder del Espíritu tras sus pisadas revolucionarias. Junto con ellos, estamos siguiendo a Jesús y desarrollando una relación amorosa, liberadora y vivificante con Dios, entre nosotros mismos y con la creación.

---

1. Rodney Stark. *The Triumph of Christianity: How the Jesus Movement Became the world's Largest Religion* (New York: HarperCollins. 2011), 161.

La recordada Verna Dozier comparte esta idea. Una brillante teóloga y educadora negra, cuyo último libro publicado se tituló, *El sueño de Dios: un llamado al regreso*.[2] Ella habría reconocido el Movimiento de Jesús como un llamado a regresar a nuestros orígenes más profundos como cristianos, a regresar a las raíces de nuestra vida, como personas del Camino, como discípulos del Señor Jesús. Es un llamado a regresar para que realmente podamos marchar hacia adelante, siguiendo el camino de Jesús.

Dios en movimiento

No se puede negar: Jesús comenzó un movimiento, por eso sus invitaciones a la gente que se unió a él están llenas de tantos verbos activos. En Juan 1:39 Jesús llama a los discípulos con las palabras: "Ven y mira". En Mateo, Marcos y Lucas, les pide a otros "Síganme". Y al final de los evangelios, envió a sus primeros discípulos con la palabra: "Vayan...". Como en "Vayan, pues, a las gentes de todas las naciones, y háganlas mis discípulos." (Mateo 28:19). Como en "Vayan por todo el mundo y anuncien a todos la buena noticia." (Marcos 16:15).

En Hechos 1, él usa el lenguaje de movimiento con mayor frecuencia: "pero cuando el Espíritu Santo venga sobre ustedes, recibirán poder y saldrán a dar testimonio de mí, en Jerusalén, en toda la región de Judea y de Samaria, y hasta en las partes más lejanas de la tierra." (v. 8). Si miran la Biblia, escúchenla y observen cómo se desarrolla el Espíritu de Dios en la historia sagrada, creo que notarán un patrón. No puedes evitar notar que realmente hay un movimiento de Dios en el mundo.

Si no me creen, pregúntenle a Abraham y a Sarah. Estaban listos para disfrutar de su pensión y sus últimos años. Entonces Dios llamó y dijo: "Deja tu tierra, tus parientes y la casa de tu padre,

---

2. Verna Dozier, *The Dream of God: A Call to Return* (New York: Church Publishing, 2006).

para ir a la tierra que yo te voy a mostrar. Con tus descendientes voy a formar una gran nación" (Génesis 12:1–2).

Más allá de sus propios deseos, Abraham y Sara se encontraron a sí mismos siendo parte del movimiento de Dios. En su viaje, se unieron con una mujer llamada Agar, y Abraham, Sarah y Agar llegaron a ser una familia. (Era una familia disfuncional, pero una familia, no obstante). Abraham, Sarah y Agar son los antepasados del judaísmo, el cristianismo y el islam. Son prueba de que Dios tiene un movimiento.

Si aún no me creen, pregúntenle a Moisés. Según el libro bíblico del Éxodo, Moisés nació de esclavos hebreos en Egipto. Pero debido a circunstancias misteriosas, fue adoptado por una amorosa princesa egipcia y cuidado por su madre hebrea. En su edad adulta, esta naturaleza dual le causó una gran crisis de identidad. Tenía que preguntarse; "¿Soy esclavo o amo de esclavos?"

En medio de esta crisis, se vio obligado a huir de Egipto. Finalmente se casó con una mujer llamada Séfora cuyo padre Jetro era un hombre de negocios acomodado. Moisés dirigió el negocio y todo estuvo bien hasta que se topó con un arbusto en llamas. Por supuesto que era Dios. En lugar de pedirle a Moisés que disfrutara cómodamente de su vida, Dios lo retó a unirse al movimiento, a dejar la comodidad de los negocios de Jetro y regresar a Egipto, a la tierra de su pueblo, a los esclavos hebreos y a los dueños de esclavos, los egipcios. Pero ahora regresaría como un liberador para defender a los cautivos, tal como dice el viejo espiritual negro…

El pueblo gime de dolor:
Ven y sálvanos.
A Dios levanta su clamor:
Ven y sálvanos.

Oye, Padre, el grito de tu pueblo.
Oye, Cristo, ven y sálvanos.

Y Moisés fue, porque él era parte del movimiento de Dios.

También podrían preguntarle a Isaías, quien estuvo en el templo cuando escuchó el llamado de Dios. Isaías estaba cómodo, le gustaba mucho vivir en la ciudad capital de Jerusalén y residir en el templo, donde siempre hubo una liturgia de "alta iglesia" muy bien ejecutada. Pero Dios llamó, "¿Quién irá por nosotros?" E Isaías dijo: "Aquí estoy; envíame" (Isaías 6:8).

Podrían preguntarle a la reina Esther, desafiada por Mardoqueo a arriesgar sus privilegios reales e ir al rey para salvar a su pueblo. "¿Quién sabe?", le preguntó Mardoqueo, "a lo mejor tú has llegado a ser reina precisamente para ayudarnos en esta situación". Su respuesta: "iré a ver al rey, aunque eso vaya contra la ley. Y si me matan, que me maten." (Ester 4:14–16).

Pregúntenle a cualquiera de los discípulos que dejaron sus redes para seguir a Jesús. Escucharon al Jesús que dijo: "Vayan por todo el mundo y anuncien a todos la buena noticia." (Marcos 16:15). Ellos escucharon su llamado: "Vayan, pues, a las gentes de todas las naciones, y háganlas mis discípulos; bautícenlas en el nombre del Padre, del Hijo y del Espíritu Santo, y enséñenles a obedecer todo lo que les he mandado a ustedes". Y oyeron su garantía: "yo estaré con ustedes todos los días, hasta el fin del mundo" (Mateo 28:20). Y así fueron, y nosotros también.

La forma del movimiento de Jesús

A mediados de la década de 1990, la erudita bíblica Elisabeth Schüssler Fiorenza estudió los primeros días del cristianismo, un período que llamó el "Movimiento de Jesús". En su estudio del Nuevo Testamento, notó varias cosas importantes en la consideración del tema del ministerio para el movimiento.

Primero, el movimiento estaba centrado en Cristo, completamente enfocado en Jesús y su camino. De hecho, si nos fijamos en los Hechos de los Apóstoles en el Nuevo Testamento, mucho antes de que el cristianismo se llamara Iglesia, o incluso Cristianismo como tal, se llamaba "el Camino". El camino de Jesús era el

Según la erudita bíblica Elisabeth Schlüssler Fiorenza, el Movimiento de Jesús: 1) centrado en Jesús, 2) eliminó la pobreza y el hambre e 3) integró a las personas en todos los niveles de la sociedad.

camino. El Espíritu de Jesús, el Espíritu de Dios, ese dulce, dulce Espíritu, infundió sus espíritus y se hizo cargo.

William Temple, uno de los grandes arzobispos de Canterbury del siglo pasado, una vez dijo que de nada serviría pedirle ser como Jesús. Es imposible hacerlo ... excepto con el Espíritu de Cristo.

> No es buena idea darme una obra como Hamlet o El rey Lear y pedirme que escriba una igual. Shakespeare podía hacerlo. Yo no puedo. Y no es buena idea mostrarme una vida como la vida de Jesús y decirme que viva una vida así. Jesús pudo hacerlo; yo no. Pero si el genio de Shakespeare pudiera venir y vivir en mí, entonces podría escribir obras como la suya. Y si el Espíritu de Jesús pudiera venir y vivir en mí, entonces podría vivir una vida como la suya.[3]

Desde que el Espíritu que vivió tan plenamente en Jesús nos habita, tenemos entonces la oportunidad de vivir como él. Eso es precisamente lo que les sucedió a los primeros seguidores de su camino. Comenzaron a parecerse a Jesús. La gente en Antioquía los vio y los apodó "pequeños cristos".

La segunda marca del movimiento es esta: siguiendo el camino de Jesús, abolieron la pobreza y el hambre en su comunidad. Algunos podrían incluso decir que lograron hacer historia la pobreza. Los Hechos de los Apóstoles llaman a esta abolición de la pobreza una de las "señales y maravillas" que se convirtió en una invitación irresistible a seguir a Jesús y cambiar el mundo.

> Todos los creyentes, que eran muchos, pensaban y sentían de la misma manera. Ninguno decía que sus cosas fueran solamente

---

3. William Temple, citado en John Stott's *Radical Disciple: Same Neglected Aspects of Our Calling* (Downers Grove, IL: Intervarsity Press, 2010), 37.

suyas, sino que eran de todos. Los apóstoles seguían dando un poderoso testimonio de la resurrección del Señor Jesús, y Dios los bendecía mucho a todos. No había entre ellos ningún necesitado, porque quienes tenían terrenos o casas, los vendían, y el dinero lo ponían a disposición de los apóstoles, para repartirlo entre todos según las necesidades de cada uno. (Hechos 4:32–35).

No fue necesario un milagro. La Biblia dice que simplemente compartieron todo lo que tenían. El movimiento los condujo de esa particular manera. Tercero, aprendieron a convertirse en algo más que una colección de intereses individuales. Se encontraron convirtiéndose en una comunidad contracultural, donde los judíos y gentiles, circuncidados e incircuncisos, tenían la misma posición, e incluso las esclavas podían hablar y profetizar, llenas del Espíritu (Hechos 15:1–21; 16:16).

Cuando era niño, recuerdo que mi padre me llevó a las reuniones de la Unión de Episcopales Negros, que se organizó para erradicar el racismo de la Iglesia Episcopal. En ese momento, se conocía como la Unión de Clero y Laicos Negros.

Recuerdo algunos de esos gigantes, ahora de venerada memoria: Mattie Hopkins, Austin Cooper, Quinton Primo, John Burgess. Fred Williams, Jimmy Woodruff. La Unión fue fundada para erradicar el racismo, pero entendimos que ese no era el objetivo final. Ese fue un paso hacia la meta. El objetivo final siempre ha sido más grande que eso.

Al final del boicot a los autobuses de Montgomery en 1956, alguien le preguntó a Martin Luther King Jr. cuál era realmente el fin o el objetivo del boicot. Y él respondió, casi puede oírsele pensar en voz alta: "El objetivo es el fin de la segregación". Pero espera, es más que eso: "El fin es la reconciliación". No, finalmente concluyó, el verdadero fin "es la creación de la comunidad amada".[4]

---

4. Martin Luther King Jr., "Speech at Conclusion of Montgomery Bus Boycott," 1956, http://www.thekingcenter.org/king-philosophy.

Fue entonces cuando formaron parte claramente del Movimiento de Jesús, porque estaban poniendo al mundo de cabeza, tal como él lo hizo, tal como lo hicieron sus seguidores desde el principio. Y no lo hacían para su propio beneficio, sino para unirse a Jesús en la creación de una comunidad donde todos son amados, nadie tiene hambre, nadie queda fuera, todos son igualmente hijos de Dios.

Socios en el movimiento de Dios

Necesitamos personas bautizadas que estén comprometidas a vivir y dar testimonio del camino de Jesús. Todavía recuerdo el día en que esto se volvió cristalino para mí.

Era de mañana, estaba en la corte con alguien de mi congregación cuando todo se detuvo. El juez detuvo el proceso y anunció que dos aviones acababan de estrellarse contra el Centro Mundial de Comercio.

Todo realmente se detuvo. Yo tenía programada una Eucaristía con bautismo y confirmaciones esa noche. De repente nos enfrentamos con una pregunta muy real: ¿deberíamos continuar con el servicio? ¿O tal vez tener un servicio conmemorativo y hacer bautismos y confirmaciones más tarde?

Conversamos, oramos y nos dimos cuenta de que no era correcto, que precisamente estos son los momentos cuando la Iglesia debe ser la Iglesia. Así que incluimos oraciones por los que murieron, por los que sufrieron por nuestros enemigos, por nosotros mismos y por el mundo. Y bautizamos a nuevos seguidores de Jesús. Confirmamos discípulos de Jesús que estaban reafirmando y reorientándose para seguir el camino de Jesús.

En uno de esos momentos cuando todas las distracciones y accesorios desaparecen, fuimos llamados a la esencia de quiénes somos y para qué estamos aquí como la Iglesia, el cuerpo de Cristo, el Movimiento de Jesús en el mundo. Estoy más convencido de esa necesidad cada día. Necesitamos personas que proclamen con palabras y ejemplos las Buenas Nuevas de Dios en Cristo, que amen la justicia, vivan misericordia y caminen humildemente con Dios, tal como Jesús.

El pastor y erudito bíblico Clarence Jordan fue una de esas personas. En 1942, trabajó con un equipo para fundar Koinonia Farm en Georgia, dando la bienvenida a personas de diferentes razas para vivir y trabajar juntas, cuidarse mutuamente y cuidar la tierra. Lo llamaron un "complot de demostración" para el Movimiento de Dios.

Su elección de palabras no fue accidental. En la década de 1960, escribió una versión del Nuevo Testamento del pueblo sureño, con mentalidad liberadora, llamada el *Evangelio del campo de algodón*. Cuando tradujo el Nuevo Testamento griego y llegó a la palabra *basileia*, generalmente leída como "reino", decidió que era más como un movimiento o "algo que se pone en marcha espontáneamente".[5] Hablaba de él como el Movimiento de Dios.

Jordan fue uno de los primeros líderes blancos en asumir la causa de los derechos civiles, pero incluso entonces su objetivo final estuvo claro. "Debe haber un movimiento mayor y más profundo que el Movimiento de los Derechos Civiles". Jordan mantuvo su mirada en "el Movimiento de Dios, la agitación de su poderoso Espíritu de amor, paz, humildad, perdón, alegría y reconciliación en los corazones de todos de nosotros."[6]

Una vez Jordan ofreció un sabio consejo, a un joven pacifista llamado Craig Peters, que vale la pena repetir hoy:

Cada vez estoy más convencido de que Jesús pensó que sus mensajes no eran un callejón sin salida en una institución estática, sino un poderoso flujo de espíritu que penetraría en todos los rincones

---

5. Charles Marsh, *The Beloved Community: How Faith Shapes Social justice, from the Civil Rights Movement to Today* (New York: Basic Books, 2005), 81.

6. Marsh, 81.

de la vida personal y social del ser humano ... Realmente no creo que podemos renovar la iglesia hasta que dejemos de pensar en ella como una institución y comencemos a pensar en ella como un movimiento.[7]

Él estaba en lo correcto. El ministerio en este momento, el ministerio episcopal o el ministerio en cualquier denominación o tradición, tiene que servir más que a una institución. Tiene que servir al movimiento.

PREGUNTAS PARA EL CAMINO. . .

1. El Movimiento de Jesús se define de esta forma: "Seguir a Jesús en una relación amorosa, liberadora y vivificante con Dios, entre nosotros mismos y con la creación". ¿Qué piensas y sientes acerca de esta definición? ¿Qué partes resuenan y qué partes te dan curiosidad?

2. Curry y otros ven al cristianismo principalmente como un movimiento, uno que se expresa en una institución, pero que siempre debe estar en movimiento. ¿Cuáles son los beneficios de esta forma de entender a la iglesia? ¿Cuáles son las limitaciones?

3. ¿Alguna vez has visto a un cristiano participando claramente en el Movimiento de Jesús? ¿Qué estaba haciendo y diciendo esta persona? ¿Cómo respondieron los demás?

---

7. Marsh, 81.

Capítulo 2

Centrados en el camino del amor

Hay un momento en cada celebración de la Sagrada Eucaristía cuando damos testimonio de ser el Movimiento de Jesús: la lectura del Santo Evangelio. En ese momento, Jesucristo está claramente en el centro, y todo gira en torno a él y al Evangelio.

¿Qué sucede entonces? Nos hemos sentado a escuchar otras partes de la Sagrada Escritura, pero cuando leemos el Evangelio, nos ponemos de pie. Muy a menudo hay una procesión que llega hasta el centro de la congregación. Cristo en el centro.

La procesión a menudo está adornada con acólitos y velas. Tal vez un crucífero con la cruz. Hay música: a veces un himno, a veces una fanfarria. Los diáconos, la gente llamada en el Movimiento de Jesús para colocarse como un puente entre la iglesia y el mundo, leen el Evangelio. El obispo, si él o ella ha estado usando una mitra, se la quita e incluso puede sostener el báculo. El libro del Evangelio puede ser besado e incensado. Todos, dondequiera que se encuentren en el lugar, se vuelven y miran hacia el lugar donde se lee el Evangelio.

Estamos viendo cómo toda la sala se reorienta en torno al Evangelio. El camino de Jesús. Cristo en el centro.

Ese es el Movimiento de Jesús. Somos una comunidad de personas cuyas vidas se reorientan constantemente en torno a

Jesús vino a cambiarnos, a volvernos hacia él, para que pudiéramos vivir como el Dios que, según 1 Juan 4: 8, es Amor.

Jesús, dando testimonio de su camino, no del mundo. Estamos viviendo su camino de amor, no el nuestro.

El mayor mandamiento

Atanasio, uno de nuestros antepasados de la iglesia del siglo IV, dijo una vez: "Dios se hizo humano para que los humanos pudieran llegar a ser como Dios".[8] En otras palabras, Jesús vino a cambiarnos, a volcarnos hacia sí mismo. No necesariamente vino a darnos un poder omnipotente como Dios, sino para que podamos vivir como el Dios que, según 1 Juan 4:28, es Amor.

En Mateo 22 Jesús coloca ese amor en el centro. Los fariseos escucharon que Jesús había silenciado a los saduceos. De modo que se reunieron, y uno de ellos, un abogado, hizo una pregunta diseñada para probar a Jesús: "Maestro, ¿cuál es el mandamiento más importante de la ley? Jesús le dijo: 'Ama al Señor tu Dios con todo tu corazón, con toda tu alma y con toda tu mente.' Éste es el más importante y el primero de los mandamientos. Pero hay un segundo, parecido a éste; dice: 'Ama a tu prójimo como a ti mismo.' En estos dos mandamientos se basan toda la ley y los profetas." (Mateo 22:36–40).

Si usted observa el Nuevo Testamento, notará que Jesús sostuvo varias conversaciones con abogados, a menudo participando en un concurso de preguntas e ideas. Esos abogados presionaron a Jesús para que hiciera algunas de sus declaraciones más importantes. Este abogado en particular le estaba pidiendo a Jesús que le especificara: ¿Cuál era el núcleo? ¿Cuál era la esencia? ¿Qué es lo que Dios realmente quiere decir? ¿Cuál fue el fallo de la Corte Suprema por el cual se podía medir la verdad de todas las leyes y profecías religiosas?

---

8. San Atanasio, *Sobre la encarnación del Verbo,* 54:3.

Jesús respondió recurriendo a dos enseñanzas de Moisés. La primera parte: amarás al Señor tu Dios con todo tu corazón, con toda tu alma, que tiene que ver con nuestra relación con Jesucristo y el Dios que nos creó (piense en ello como evangelismo, la práctica de ayudar a otras personas a encontrar su propia relación amorosa con Dios y su lugar en la Comunidad Amada). La segunda parte: amarás a tu prójimo como a ti mismo, describe nuestra relación entre nosotros como hijos del Dios que nos creó (eso es reconciliación, amar y buscar el rostro de Dios en esa persona cercana a ti y en la que está muy, muy lejos). Y no es exagerado considerar a la tierra como nuestro prójimo, nuestro Dios-Madre quiere que este amor también le abrace a ella (este es el cuidado de la creación, cada esfuerzo que hacemos para abrazar y honrar la presencia de Dios revelada en la gloria de la creación).

Jesús no podría haber sido más claro. La religión tiene que ver completa y totalmente sobre el amor de Dios y el amor al prójimo. El núcleo del Camino de Jesús es el amor. Si no se trata de amor, no se trata de Dios.

¿Qué clase de amor es este?

Como de costumbre, Jesús no solo responde la pregunta del abogado, Se lo demuestra. Note que Jesús tiene esta conversación con el abogado durante la Semana Santa. Eso no es insignificante, Jesús está en camino a la cruz. Jesús no fue a esa cruz por su propia cuenta. No lo hizo por sus propios pecados, ni por algún beneficio personal, sino por nosotros, por el mundo, por la familia humana. Fue un acto puramente desinteresado que nos demostró el camino hacia la salvación y la reconciliación con Dios y entre nosotros.

Ahora es fácil volverse sensiblero y convertir el amor en sentimentalismo, pero no te dejes engañar. El amor de Dios es impactante y sacrificial. No es egocéntrico sino dirigido a otros. Busca el bien y el bienestar del otro antes del propio interés.

Algo en cada uno de nosotros sabe que esto es fundamentalmente cierto, y lo queremos para nosotros mismos. Probablemente sea por eso por lo que las parejas aman tanto a I Corintios 13. En todos mis años como párroco realizando bodas, cuando escogieron las escrituras para el servicio, nueve de cada diez seleccionaron este texto para la segunda lección: "Si hablo las lenguas de los hombres y aun de los ángeles, pero no tengo amor, no soy más que un metal que resuena o un platillo que hace ruido… Tres cosas hay que son permanentes: la fe, la esperanza y el amor; pero la más importante de las tres es el amor." (I Cor. 13:1, 13).

La verdad es que Pablo no estaba pensando en bodas o matrimonio cuando escribió estas palabras a la iglesia en Corinto. Estaba lidiando con una pelea en la iglesia. La gente se había dividido en facciones. Los ricos segregaban a los pobres en la Sagrada Comunión. Alguien más se estaba emborrachando en la mesa. Alguien estaba durmiendo con la esposa de otra persona. Alguien estaba demandando a alguien más en la iglesia. Y todos discutían sobre quién iría al cielo. ¿Cómo lo supo Pablo? El chisme de la iglesia se lo dijo.

Esta era una iglesia verdaderamente destrozada, al igual que todos sus miembros que bien podrían formar parte del elenco de cualquier escandaloso reality TV show contemporáneo. Todos buscaban ser el número uno. Su egoísmo y egocentrismo estaban destruyendo a la iglesia, y el amor era la única cura. Fue entonces cuando Pablo les dijo que el amor no es celoso, grosero o jactancioso, el amor no es egoísta. El amor busca el bien común, no solo lo que me favorece. El amor busca lo que es justo y equitativo, no solo busca ser el número uno. Y lo necesitamos, en los matrimonios, en las iglesias, en la Iglesia Episcopal y en la Comunión Anglicana, en los pasillos del Congreso, en la Corte Suprema y en las Naciones Unidas.

Si me hubieran preguntado hace unos meses atrás qué es lo opuesto al amor, probablemente habría respondido el odio. Y hay verdad en eso, pero esa no es realmente la respuesta. Lo opuesto al amor no es el odio. Lo opuesto al amor es el egoísmo. Y es este egocentrismo insensato lo que da lugar al odio, la intolerancia y la violencia o, para decirlo a la manera de la tradición cristiana, el pecado.

> "Yo los amo a ustedes como el Padre me ama a mí; permanezcan, pues, en el amor que les tengo... El amor más grande que uno puede tener es dar su vida por sus amigos." (Juan 15:9, 13).

En la cruz, decimos que Jesús triunfó y nos liberó del pecado. Eso es porque el camino de la cruz es el camino del amor desinteresado y sacrificado. "Yo los amo a ustedes como el Padre me ama a mí; permanezcan, pues, en el amor que les tengo.... El amor más grande que uno puede tener es dar su vida por sus amigos." (Juan 15:9, 13). Este camino es lo opuesto al odio, el único camino para vencer el pecado.

Las personas que han cambiado al mundo para bien han sido consistentemente personas cuyas vidas se han caracterizado por este tipo de amor sacrificado, no centrado en sí mismo y dirigido hacia otros. Vaya al sitio web de los Premios Nobel de la Paz y lea las biografías de los premiados: Mahatma Gandhi en India; Lech Walesa en Polonia; Nelson Mandela en Sudáfrica; y Malala de Pakistán, luchando por los derechos de las niñas a la educación. Es como un ejercicio espiritual, estudiar sus testimonios.

Pero este amor no solo está presente en los ganadores del Premio Nobel. Piensa en las personas que han cambiado tu vida para bien. Te han amado, incluso cuando les costó o les dolió, hasta que te volviste alguien más de lo que hubieras podido llegar a ser de otra forma. Te enseñaron el camino del amor.

Poniendo al mundo de cabeza

Nadie entendía el poder del amor de Jesús mejor que los discípulos cuyas vidas puso de cabezas. Cuando Jesús pasó por el mar de Galilea, vio a Simón y a su hermano Andrés echando una red al mar. Y Jesús les dijo: "Síganme, y yo haré que ustedes sean pescadores de hombres". E inmediatamente dejaron sus redes y lo siguieron (Marcos 1:16–17).

Piense en los primeros discípulos que siguieron el camino de Jesús: Simón Pedro y Andrés, Santiago y Juan. ¿Recuerda lo que hacían para ganarse la vida? Eran pescadores. Ahora bien, aquí no estamos hablando de la pesca recreativa de truchas. Estos hombres pescaban para ganarse la vida. Pero piense por un momento. Aún no he visto una sola oportunidad en todo el Nuevo Testamento en la que estos pescadores profesionales atraparan un solo pez sin que Jesús les dijera cómo hacerlo... ¡y Jesús era carpintero!

Este no es el Equipo A de discipulado apostólico del que estamos hablando aquí. Creo que la Biblia está tratando de decirnos algo.

En el capítulo 10 del Evangelio de Marcos, Santiago y Juan, los hermanos Zebedeos, se acercan a Jesús cuando los otros discípulos no están cerca para pedirle buenos puestos en el reino. Jesús se había mostrado elocuente acerca de la venida del reino de Dios, y estos dos pensaron que podrían conseguir trabajo en su nuevo gobierno.

Todos sabemos cómo funciona este sistema. Cuando los republicanos ganan. Los republicanos consiguen trabajo. Cuando los demócratas ganan, son estos los que los obtienen. Ellos pensaron que cuando su hombre ganara, podrían conseguir buenos puestos. Los otros discípulos se pusieron furiosos cuando se enteraron. Y me atrevería a decir que Jesús quería arrancarse los pelos.

Pero eso no es todo. El Evangelio de Mateo cuenta la misma historia, y en su versión, Santiago y Juan envían a su madre a pedirle a Jesús estos favores especiales. Envían a su madre a hacer su trabajo sucio. De nuevo, les recuerdo que este no es el Equipo A de discipulado apostólico del que estamos hablando aquí.

O mejor, vayamos a la Última Cena y al Viernes Santo, Pedro le prometió: "Señor, no te preocupes por nada, yo te cubro las espaldas". Y entonces, viene Pedro y se encarga de hacer todo lo posible para abandonar a Jesús. Si hay algún Simón Pedro, que te dice que te respaldará, será mejor que corras en dirección contraria.

Necesitamos agradecerle a Dios que Jesús tuvo la previsión espiritual suficiente como para romper con la costumbre y la tradición de su época y llamar a mujeres como discípulas. Solo las hermanas estuvieron allí en la cruz junto al discípulo amado. Si no hubiera sido por María Magdalena y las discípulas, tal vez no supiéramos hasta el día de hoy que Jesús resucitó de entre los muertos.

Cuando las cosas se pusieron difíciles, los apóstoles se marcharon. Con la excepción de un discípulo masculino y las discípulas, todos le fallaron. Lo traicionaron. Lo abandonaron. Lo negaron. No, estos hombres no son el Equipo A del discipulado apostólico.

Sin perder de vista todo esto, *luego* lea el resto de la historia. Este lamentable grupo continuó siguiendo a Jesús, mucho después de que parecía que se había ido. Y el libro de los Hechos cuenta la historia de cómo el Espíritu de Jesús se apoderó de ellos, y el Camino de Jesús se convirtió en su camino. Este mismo grupo de seres humanos tímidos, frágiles, débiles, pecaminosos, mortales, normales y siempre falibles fue descrito por personas que experimentaron su posterior ministerio como: líderes que trastornaban al mundo. La tradición dice que se extendieron y evangelizaron todo el mundo conocido. Cada uno de ellos, excepto Juan el Amado, probablemente fue ejecutado como mártir de la fe.

Los cobardes encontraron coraje, y claridad los confusos. Al darle forma a sus vidas alrededor de Jesús, incluso a pesar de sus fracasos, este equipo cambió el mundo para mejor. Y la verdad es que estamos aquí como discípulos de Jesús en el siglo XXI por lo que hicieron en el primer siglo. Lo hicieron sin Facebook, Twitter, Instagram o incluso un televisor de pantalla plana. Lo hicieron siguiendo el estilo sacrificado y orientado a otros de Jesús, reorientando sus vidas en torno a él y su enseñanza.

El movimiento continua

Así se convirtieron en un movimiento, la primera ola del Movimiento de Jesús. En su libro sobre la fe y la teología del movimiento de los derechos civiles, Charles Marsh, de la Universidad de Virginia, en una ocasión escribió: "Jesús había fundado el movimiento más revolucionario de la historia humana: un movimiento basado en el amor incondicional de Dios por el mundo, y en el mandato de vivir ese amor".[9] Ese movimiento ha seguido surgiendo justo cuando más lo necesitábamos, justo cuando parecía que había ganado el camino del egoísmo y el odio.

La batalla por los derechos civiles de Birmingham fue una de las más sangrientas del movimiento de derechos civiles. Fue en Birmingham donde cuatro niñas murieron cuando una bomba del Ku Klux Klan detonó en la Iglesia Bautista de la calle 16. Fue en Birmingham donde el pueblo norteamericano observó como Bull Connor soltaba los perros pastor alemán de la policía y las mangueras contra incendios en contra de manifestantes pacíficos y no violentos.

Como parte de su capacitación en la disciplina de la no violencia, los activistas de derechos civiles recibieron en una ficha lo que podríamos llamar una pequeña Regla de Vida. La estudiaron en reuniones y se la llevaron con ellos mientras marchaban, se sentaban, sufrían y luchaban. Incluía estas advertencias:

- Recuerde que el movimiento no violento busca justicia y reconciliación, no victoria.

- Camine y hable según el amor; porque Dios es amor.

---

9. Marsh, 81.

- Ore diariamente para que Dios le use de modo tal que todos los hombres y mujeres puedan ser libres.
- Sacrifique los deseos personales para que todos puedan ser libres.
- Observe las reglas ordinarias de cortesía con amigos y enemigos.
- Preste servicios regularmente para otros y el mundo.
- Absténgase de la violencia del puño, lengua y corazón.
- Esfuércese por tener una buena salud espiritual y física.

Pero la promesa comenzó con estas palabras:

- Mientras se prepara para marchar, medite sobre la vida y las enseñanzas de Jesús.

De toda la preparación que estos líderes y activistas del movimiento pudieron tomar, nada fue más poderoso que centrarse en Cristo. Su camino, el camino del sacrificio, el amor desinteresado, el camino de la cruz, el camino del compromiso no violento podría cambiar y sanar algo fundamental en este mundo.

Creo en la práctica del evangelismo porque creo que las personas comprometidas con el Camino de Jesús, el Movimiento de Jesús, han cambiado al mundo antes y pueden hacerlo de nuevo. Creo que las cosas no tienen que ser como lo son a menudo.

Jesús vino a cambiar el mundo, por el poder del amor de Dios. Amor que es como lo que nos enseñó Mahatma Gandhi: *satyagraha*, fuerza de la verdad, fuerza del alma, la fuerza y el poder que pueden cambiar el curso de la historia. La fuerza de la verdad, la fuerza del alma, la fuerza y el poder que pueden mover montañas. Jesús nos ha mostrado el camino del amor. Y esa forma de amor nos liberará a todos.

PREGUNTAS PARA EL CAMINO. . .

1. En la pp. 14–15. Curry dice que lo opuesto al amor no es el odio, sino el egoísmo. ¿Por qué crees que podría ser así?

2. Revisa los principios para activistas no violentos de derechos civiles en la pp. 18–19? ¿Cuál te parece más convincente para tu vida y práctica?

Capítulo 3

Los soñadores

Cuando era niño aprendí las palabras de este poema de Langston Hughes en la escuela dominical.

Aférrate a tus sueños
Porque si los sueños mueren
La vida es un pájaro de alas rotas
Que no puede volar.

Aférrate a tus sueños
Porque cuando los sueños se van
La vida es un campo estéril
Congelado por la nieve.[10]

Dios tiene un sueño. Si no lo tuviera, no estaríamos aquí. Considera cómo comienza la Biblia con estas increíbles palabras del antiguo poeta hebreo: "En el comienzo de todo, Dios creó el cielo y la tierra. La tierra no tenía entonces ninguna forma; todo era un mar profundo cubierto de oscuridad, y el espíritu de Dios se movía sobre el agua. Entonces Dios dijo: '¡Que haya luz!' Y hubo luz." (Gen. 1:1–3).

---

10. *The Collected Poems of Langston Hughes: Vintage Classics,* ed. Amold Rampersad (New York: Knopf Publishing, 1994), 32.

Así comienza el proceso de creación, y Dios es la fuente y el autor de todo. Seguramente cuando Dios dijo: "Que haya", Dios tenía algo en mente. Dios no creó al mundo y a nosotros por puro aburrimiento. Dios tuvo y tiene un sueño.

Dios tiene un sueño para el mundo que creó, para cada hombre, mujer y niño que alguna vez haya caminado sobre la faz de la tierra. Dios tiene un sueño para ti y un sueño para mí. Dios tiene un sueño para esta iglesia, para los pueblos de la tierra, para toda la creación. La vida debe ser vivida en armonía con el sueño y la visión de Dios para la vida y la creación. Cuando es así, la vida funciona. Y cuando no lo es, simplemente no lo hace.

¿Qué sabemos del sueño de Dios? Las escrituras lo presentan en cada una de sus páginas, historia tras historia. El resumen no te va a sorprender a estas alturas: en el principio, a la mitad y al final, todo se trata del amor. Dios es amor, y Dios creó para compartir y dar más amor, para difundir el amor de la Trinidad en un círculo aún mayor, para darle forma y llenar toda la creación. Dios nos da la bienvenida para ser criaturas hechas a imagen de nuestro creador, seres humanos que comparten la forma amorosa, liberadora y vivificante del Dios que nos creó.

Esta es mi imagen de cómo se ve el sueño de Dios. También coincide con lo que nuestro propio Libro de Oración Común dice que es la misión de la Iglesia (¿y qué es la Iglesia sino aquel grupo 100% dedicado a vivir según el sueño de Dios?). Esta joya está oculta en el catecismo, en la página 855 del Libro de Oración Común de 1989:

P. ¿Cuál es la misión de la Iglesia?

R. La misión de la Iglesia es restaurar a todos los pueblos a la unión con Dios y unos con otros en Cristo.[11]

---

11. El Libro de Oración Común (New York: Church Publishing, 1989). 855 (en adelante LOC).

Los líderes de mi personal, la Cámara de Diputados y la Convención General se sentaron con estas palabras y encontraron en ellas la clave del Movimiento de Jesús. Nos inspiraron para elaborar el resumen que compartí en el primer capítulo, que creo que también sirve como un resumen del sueño de Dios: "Siguiendo a Jesús en una relación amorosa, liberadora y vivificante con Dios, entre nosotros mismos y con la creación". Dios creó y luego vino a estar entre nosotros en la persona de Jesús de Nazaret para mostrarnos la manera de reconciliarnos y ser justos con Dios, con nosotros mismos, y con todo lo que Dios ha creado. Nadie queda fuera. Nadie queda excluido como enemigo. Nadie es irreparable y echado a un lado. Todos somos amados. Todos reconciliados. Ese es el sueño.

Los bautizados: marcados como propiedad de Cristo para siempre

No es casualidad que Mateo comience su Evangelio con la genealogía de Jesús, un árbol genealógico, y luego termine el Evangelio con Jesús comisionando a sus discípulos para que vayan al mundo y formen una familia compuesta por todo tipo de personas, no por consanguineidad, sino por bautismo, y producida no por los caprichos de la cultura, sino por las enseñanzas de Jesús.

¿Has sido bautizado? Si tu respuesta es positiva, entonces fuiste bautizado en el movimiento dirigido por Jesús de Nazaret. Es el movimiento de aquellos comprometidos a vivir el sueño de Dios.

> Ya que, al unirse a Cristo en el bautismo, han quedado revestidos de Cristo. Ya no importa el ser judío o griego, esclavo o libre, hombre o mujer; porque unidos a Cristo Jesús, todos ustedes son uno solo. Y si son de Cristo, entonces son descendientes de Abraham y herederos de las promesas que Dios le hizo. (Gal. 3:27–29)

La unidad del cuerpo de Cristo es un reflejo de la visión de Dios para la unidad de la familia humana: mujeres y hombres; niños y ancianos; ricos y pobres. Nadie está al margen del Movimiento de Jesús. O, como lo explica Elisabeth Schüssler Fiorenza, "el futuro de Dios ha sido prometido y se realiza a través de todos los miembros de Israel". Nadie está exento. Todos están invitados. Mujeres y hombres, prostitutas y fariseos.[12]

No todos estaban exactamente de acuerdo con ese tipo de apertura desde el principio. Se necesitó del primer concilio de la Iglesia para cimentar este pilar tan esencial de nuestra fe, el Concilio de Jerusalén, registrado en el capítulo quince de los Hechos de los Apóstoles.

Tomaron la decisión de que los gentiles podrían y deberían ser incluidos en la familia de Jesús. Si estaban dispuestos a seguir el camino de Jesús, por el poder de su Espíritu, entonces los otros requisitos que se imponían a la gente judía no eran necesarios.

No me han revisado el ADN, pero no creo que sea judío. Estoy bastante seguro de que desciendo del grupo de gentiles. Eso significa que estoy aquí hoy debido a esa decisión de incluir a personas como yo. Significa que el sueño de Dios era más grande que cualquiera de nuestras condiciones y afiliaciones religiosas o tribales. El camino de Jesús crea lugar y espacio para todos los que realmente le buscan. Ese vínculo familiar se extiende a todos los cristianos, a todos los seguidores de Jesús de Nazaret. En el bautismo, estamos marcados como las personas que le pertenecen a él y a los demás.

Prójimos en una nueva sociedad

¡Ojalá se detuviera allí! Pero estar en su familia automáticamente significa que estás inscrito para buscar amar y servir en su espíritu y en su camino. Cuando el rey del mundo dice en Mateo 25:

---

12. Elisabeth Schüssler Fiorenza, *In Memory of Her: A Feminist Theological Reconstruction of Christian Origins: Tenth Edition* (New York: Crossroad Publishing, 1994), 121.

"Pues tuve hambre, y ustedes me dieron de comer; anduve como forastero, y me dieron alojamiento… todo lo que hicieron por uno de estos hermanos míos más humildes, por mí mismo lo hicieron.", lo que coincide con nuestra promesa bautismal de "¿Buscarás y servirás a Cristo en todas las personas, amando a tu prójimo como a ti mismo?"[13] Y cuando dice: "Ama al Señor tu Dios ... [y] ama a tu prójimo como a ti mismo" (Mateo 22: 37, 39), se ubica junto a nuestra promesa bautismal de ir por este mundo "amando a tu prójimo como a ti mismo".[14] La fe en Jesús, siguiéndolo, conduce a una nueva forma de estar juntos. Jesús vino a mostrarnos el camino para convertirnos no simplemente en la raza humana, no simplemente en una reunión de tribus y círculos de parentesco. Él nos lleva a formar un círculo más amplio, una nueva sociedad, la comunidad amada, la familia humana de Dios.

Comencé mi ministerio ordenado sirviendo a una congregación en Winston Salem, Carolina del Norte, en la década del 70. A principios de la década del 80, mi esposa y yo nos mudamos para servir en Lincoln Heights, Ohio, a las afueras de Cincinnati. Un día recibí uno de esos correos generados por computadora que ofrecían investigar la genealogía de mi familia y venderme una copia del escudo de la familia Curry.

Según el anuncio, habían realizado algunas investigaciones preliminares. Comenzó algo como esto: "Michael Curry, hemos rastreado tu ascendencia..." Mientras leía, me sorprendieron bastante: "Hemos localizado tu hogar y familia ancestral en Irlanda". Pensé para mí mismo: Algún día tendré que viajar a Irlanda para ver a la familia. Supongo que será uno de esos momentos de: "Adivina quién viene a cenar".

En 1980, pensé que era gracioso. Luego, el 26 de junio de 2007, el *New York Times* publicó un artículo que decía: "Los estudios de ADN apuntan a un ancestro materno común de todos los huma-

---

13. LOC, 214.
14. Ibid.

nos anatómicamente modernos en África por lo menos 130000 años atrás."[15] Y, más recientemente, la Sociedad Genealógica de Nueva Inglaterra completó algunas investigaciones y descubrió que Barack Obama, Brad Pitt y George Bush son primos. Hillary Clinton y John McCain son primos, y lo mejor de todo, el activista negro reverendo Al Sharpton y el difunto senador Strom Thurmond, un notorio segregacionista, son primos.

Parece que en verdad somos una familia. Dios nos hizo de esa manera. Estamos destinados a vivir de esa manera. ¿Imagínese si la gente del Movimiento de Jesús ayudara a nuestros prójimos a vivir como la auténtica familia humana que somos?

En nuestro actual periodo político, y realmente en nuestra cultura en general, enfrentamos una polarización vasta y profunda, la intolerancia por condición social ha sido consagrada en la ley, es como tener las leyes de Jim Crow de vuelta, y el odio se articula en la esfera pública como discurso legítimo. Esto es un problema. Y no estoy haciendo una declaración republicana o demócrata. Esto no tiene nada que ver con el partidismo. Esto tiene que ver con ciudadanía.

Más que nunca, necesitamos una respuesta cristiana contra esta polarización, en parte porque muy a menudo el cristianismo es visto como cómplice de las voces de exclusión e intolerancia. Necesitamos el testimonio de una iglesia como el de la Iglesia Episcopal a fin de ofrecer una forma de ser cristiano que no sea cómplice de la cultura, sino una comprometida a seguir a Jesús, y que se parezca a la forma amorosa, liberadora y vivificante de Jesús de Nazaret, y sirviendo de la manera en que vemos a Jesús sirviendo en el Nuevo Testamento. Ese testimonio en sí mismo es un poderoso antídoto para la historia de estrechez, intolerancia y polarización.

---

15. John Noble Wilford "The Human Family Tree Has Become a Bush with Many Branches," *New York Times* (June 26. 2007).

Creo que esta iglesia y las personas en esta iglesia pueden dar ese testimonio. Los episcopales que son republicanos, los que son demócratas, y aquellos sin partido alguno. Somos personas de la vía media, especialmente equipados para reunir personas para reconciliar conversaciones en el centro de la tormenta. Eso es lo que somos. Por eso cantamos ...

Podemos elegir construir un muro más, o podemos optar por hacer crecer ese compañerismo de amor, amando a nuestro prójimo como a nosotros mismos y sirviendo a Jesús mientras le encontramos en los demás.

> Oriente ni Occidente hay
> en Cristo y su bondad.
> Incluida en su amor está,
> la entera humanidad
>
> De razas no haya distinción,
> ¡Obreros de la fe!
> El que cual hijo sirve a Dios,
> Hermano nuestro es.[16]

La canción es correcta, y cuando la cantamos, nada menos que nuestra supervivencia como comunidad humana está en juego. No podemos continuar como lo hemos venido haciendo. Martin Luther King Jr. advirtió: "Llegamos aquí en diferentes barcos, pero ahora todos estamos en el mismo bote". También dijo: "Aprenderemos a vivir juntos como hermanos y hermanas, o pereceremos juntos como tontos. La elección es nuestra". Podemos elegir construir un muro más, o podemos hacer crecer esa comunidad de amor, amando a nuestro prójimo como a nosotros mismos, sirviendo a Jesús mientras le encontramos en otros.

---

16. John Oxenham, "In Christ There Is No East or West." (Juanita R. de Balloch, trad. 1894 - Oriente ni Occidente hay en Cristo.)

Solidaridad con los más necesitados

El sueño de Dios llega aún más lejos. Este sueño nos llama a una relación nueva y reconciliada, no solo con otros cristianos, o con nuestros vecinos más cercanos, sino en última instancia con las personas que están sufriendo más. Nos envía a compartir el amor creador de todas las cosas, la liberación y la plenitud de la vida que Dios quiere para todos y todo lo que él creó.

Hace unos años atrás, cuando era obispo de Carolina del Norte, viajé a la Diócesis de Botswana con el obispo Trevor Mwamba, visitando varias congregaciones y ministerios. La Unión de Madres y la Diócesis operan varias guarderías para niños pequeños. Debido a la propagación del VIH / SIDA, muchos de los niños, que también son VIH positivos, son huérfanos criados por miembros de sus familias extendidas.

La última guardería que visitamos fue en la iglesia de San Pedro, en un área empobrecida de Gaborone, la capital. Salimos al patio y nos recibió el sacerdote, el padre Andrew. Él y su esposa son dos personas de Dios notablemente humildes y santas que han dedicado sus vidas a salvar a estos pequeños en el nombre de Jesús. Él nos llevó al otro lado del patio donde los niños estaban sentados en la hierba bajo la sombra, escuchando historias de la Biblia y cantando canciones.

El padre Andrew nos presentó. Compartimos la hora del cuento y luego cantamos esta canción con los niños, muchos de los cuales eran huérfanos, algunos seropositivos, todos desesperadamente pobres:

> Cristo me ama bien lo sé,
> su palabra me hace ver,
> que los niños son de aquel,
> quien es nuestro amigo fiel.

(coro)
Cristo me ama, Cristo me ama,
Cristo me ama, La Biblia dice así.

Y con eso, el padre despidió a los niños para jugar. Se fueron corriendo al patio de recreo. Todos, es decir, excepto una niña de unos cuatro o cinco años. Me di cuenta de que estaba sentada en una silla, mientras que los otros niños se sentaron en el césped. Lo que no había notado era que tenía una muleta. Mientras los otros niños corrían, ella tomó la muleta en sus manos, la colocó en el suelo y se levantó del asiento para caminar lentamente hacia el patio de recreo.

Mientras observábamos, el padre Andrew dijo que el director de la guardería revisa regularmente el vecindario en busca de niños necesitados. Él se enteró de esta niña y visitó su casa. Sus padres habían muerto por complicaciones del VIH / SIDA, por lo que sus abuelos la cuidaban. Ella misma estaba postrada en cama, víctima de la polio. Los abuelos permitieron que la iglesia de San Pedro y el servicio de salud pública trabajaran con ella. Cuando llegó por primera vez a San Pedro, estaba en una silla de ruedas. Para cuando nosotros la conocimos, ella caminaba con esa muleta.

A veces se caía. Se levantaba de nuevo. Mientras caminaba, el padre Andrew dijo: "Creemos que Dios tiene algo mejor reservado para cada niño. Y es nuestro trabajo ayudar a cada niño a descubrir qué es eso para luego vivir".

Ese es el mensaje del Evangelio, el sueño de Dios y nuestras instrucciones para marchar en el Movimiento de Jesús. Dios tiene algo mejor reservado para este mundo. Dios tiene un sueño para la Iglesia Episcopal, sus clérigos y sus laicos. Dios también tiene un sueño para las naciones y los pueblos de la tierra. Dios tiene un sueño para cada hombre, mujer y niño que habita sobre la faz de la tierra. Nuestro trabajo es amar a Dios, amar a nuestro prójimo de todo tipo y condición, y amar a esta tierra, sin excepciones.

Ministerio para el Movimiento de Jesús

Asumimos el evangelismo con el fin de restaurar a todas las personas al amor con Dios. Asumimos la reconciliación para restaurar a todas las personas a una relación amorosa entre sí. Iniciamos ministerios que reflejan las variadas y gloriosas culturas de la familia de Dios, porque eso es parte de cómo difundimos el amor de Dios y el amor al prójimo. Elevamos las voces de los jóvenes, porque están soñando sueños y transmitiendo profecías que son esenciales para la forma en que amamos a Dios y amamos al prójimo. Aceptamos el arduo trabajo de transformación con paciencia y comprensión, más sabios de lo que imaginamos porque ahora estamos llenos del amor de Dios y del prójimo.

Entonces, todos nosotros, todos los miembros de la familia humana de Dios, realmente podemos asociarnos con Dios para cambiar este mundo de la pesadilla en sueño.

PREGUNTAS PARA EL CAMINO. . .

1. A lo largo de este capítulo, Curry describe con vívidos detalles su comprensión del sueño de Dios. ¿Cuáles dirías que son algunos de los elementos claves del sueño de Dios?

2. ¿Dónde ves las divisiones más profundas en tu comunidad? ¿En torno a la raza? ¿Género? ¿Clase económica? ¿Edades? ¿Fe? ¿Imagina al menos una forma como una iglesia podría ayudar a sanar estas fisuras?

Reflexiones sobre la práctica del ministerio en el Camino de Jesús

Capítulo 4

Sobre el evangelismo

Megan Castellan

No crecí, ni como fundamentalista, ni como eclesiástica desterrada, ni como hija de ninguno de ellos. Sin embargo, al igual que el profeta Amós, heredé un poco de ambos.

Cuando era muy pequeña, mi madre comenzó a servir como voluntaria en un hospicio para enfermos de SIDA en Hampton, Virginia. Bueno, ese no fue precisamente el caso, fue a finales de los años 80, y el concepto de "hospicio para pacientes con SIDA" aún no existía. Lo que hubo en este caso, era una casa antigua, en la peor parte de la ciudad, que fácilmente podría confundirse con una casa de adictos, con mucha gente yendo y viniendo todo el día y la noche.

Hubo un hombre, anteriormente sacerdote episcopal, a quien su obispo le había dicho que permaneciera encerrado o renunciara a sus votos. Jack decidió renunciar, y en lugar de buscar una vida dentro de la Iglesia, prefirió una sin ella. Tomó una herencia, compró esta casa y comenzó a aceptar hombres moribundos que no tenían a dónde ir. Teníamos que mantenerlo en secreto; dinero, suministros y voluntarios fueron canalizados en silencio mediante sus antiguos colegas. Y mi madre, la enfermera, se presentaba con sus dos hijos pequeños varias veces a la semana.

Ellos eran mis amigos: Arles, el hombre risueño que rescató a un cocker spaniel que encontró a un lado de la carretera, que murió en las primeras pruebas del AZT; Mark, el hombre de Puerto Rico que tenía fuertes opiniones sobre las alfombras y que me presentó a "Bohemian Rhapsody" de Queen; y Jack, quien me vistió con su vieja sotana cuando le comenté mi intención de convertirme en monja para Halloween, y que se encargó de todos sin reparos, incluso cuando la Iglesia institucional le retiro su licencia ministerial y lo declaró no apto para el servicio.

Escuché el Evangelio cada semana en la iglesia; pero donde lo vi fue en la casa de Jack. Aunque, contrariamente, el hogar de mi infancia se encontraba a escasos cuarenta y cinco minutos en automóvil de la sede de transmisión de Pat Robertson, y del epicentro del renacimiento político y evangélico moderno del sur de Virginia.

Como resultado. Conocía bien los llamamientos al altar. Las campañas de evangelización y de las promesas de lealtad a la bandera cristiana y a la Biblia. Estaba acostumbrada a que mis amigos en la escuela primaria me preguntaran sinceramente si había recibido a Cristo en mi corazón. Estaba acostumbrada a sentir aquella enorme vergüenza cuando el predicador bautista, luego de un concierto perfectamente agradable, preguntaba quién aún no era salvo, y les rogaba que bajaran, mientras tocaban una música de órgano suavemente in crescendo, y el coro vibraba con sentimiento. Estaba acostumbrada a ignorar estoicamente las miradas preocupadas de mi mejor amiga mientras volvía la vista hacia el frente, y me di cuenta de que la dama que tenía delante tenía el mismo peinado que mi abuela.

Estaba acostumbrada a todo eso. Y nunca pareció importar que había asistido a la iglesia todas las semanas de mi vida desde que nací. No importaba que tuviera teorías firmes sobre cuál discípulo fue el más inteligente, el más gracioso y el más divertido en las

fiestas. No importaba que hablara con Jesús en una corriente inter-
minable de conciencia y que le sintiera más cerca que cualquier
otra persona en la vida. Para muchas de las personas con las que
crecí, dado que mi tradición de fe no se veía, olía, ni sabía a la
suya, porque incluía a personas que consideraban condenadas por
Dios, no existía.

¿Es esto el evangelismo?

Esto es lo que conocía del evangelismo. Una cosa llena de culpa
que coaccionaba a todos en nombre de Dios, y que anuló a mis
amigos en la Casa de Jack, declarándolos inmundos a menos que
se asimilaran, algo que simplemente parecía estar cerca del abuso
total.

Realmente me repugnaba el evangelismo.

Esa no era yo. No quería que nada me vinculara con eso. No
sabía qué era yo, pero lo que fuera, aun significaba ir a la iglesia todas las semanas. Implicaba reescribir el sermón cuando me
aburría en mi trabajo de lavado en seco. Implicaba arrastrar a mi
casa a cada amigo perdido y solitario durante las vacaciones, y
enviar dinero a Broadway Cares / Equity Fights AIDS en memoria
de los muchachos de la Casa. Pero no, no era cristiana, y defini-
tivamente no era evangelista.

Entonces, sucedieron algunas cosas.

En el verano de 2003, fui aceptada por el Festival de Adultos
Jóvenes para asistir a los últimos cinco días de la Convención
General. No estaba muy entusiasmada. Para cuando fui aceptada,
me enteré de la elección de Gene Robinson como obispo de New
Hampshire, lo que lo convertiría en el primer obispo abiertamente
homosexual en pareja de la Iglesia, y me di cuenta de que su rati-
ficación se decidiría mientras yo estuviera ahí. Esto podría ser un
desastre, me dije. ¿Por qué ir y presenciar la misma pelea que había
visto en las noticias todos los días de mi vida? Había estado trabajando duro para reconciliarme con la aparente realidad de que la

Iglesia con frecuencia tenía dificultades con lo que hace el Espíritu. ¿Por qué ir a una convención nacional y ver aflorar todo esto?

Fui de todos modos.

El día de la votación en la Cámara de Obispos, un mentor sacerdote mío me vio deambulando sin rumbo por los pasillos. "Megan, siéntate", dijo, haciendo su mejor impresión de "estoy en una película de espías". "Vas a querer ver esta próxima votación".

Me senté. Recé ansiosa un rosario en los eslabones de la pulsera de mi reloj. Observé a los cónyuges de las obispos, frente a mí, pasarse tijeras e implementos de tejer por la fila mientras sus cónyuges hablaban y escuchaban. Y contuve la respiración en silencio mientras toda la sala rezaba.

Cuando se anunció la votación, y Robinson fue autorizado para ser consagrado obispo, el Obispo Presidente Frank Griswold nos guio a todos en oración. Cantamos "Ubi Caritas", y salí al pasillo a tropezones, más allá de un grupo de reporteros aturdidos, sintiendo que el mundo había cambiado. ¿Cómo orientarse en una iglesia que puede escuchar al Espíritu? ¿Qué se suponía que debía hacer con una institución que hacía cosas con las que estaba de acuerdo?

Un amor que vale la pena compartir

Unos meses después, regresé a la universidad. Un amigo mío era el líder del grupo de estudiantes LGBTQ. Me pidió que hablara sobre lo que sucedió en la Convención.

Para mi gran sorpresa, estaba emocionada por eso. ¡Tengo que presentar mi iglesia! ¡Mi iglesia, que había hecho algo de lo que estaba orgullosa! No estaba segura de por qué, pero en ese momento, presentaría alegremente a mi iglesia.

Tenía que darles estas buenas noticias, porque pensé que no lo habían escuchado antes. ¿Adivinen qué? Dios te ama.

Los estudiantes reunidos ese día estaban callados. Observaron animados mis diagramas sobre la política episcopal, y les expliqué quién era el obispo Robinson. Les hablé sobre la confirmación de las elecciones. Les conté lo que es sentarse en la Cámara de Obispos y sobre el discurso de un obispo retirado, que le dijo a la Cámara de Representantes que luego de entrar creyendo que lo necesario era un "no", había rezado y escuchado, y ahora votaría "sí".

Mi voz se quebró. Mis ojos se llenaron de lágrimas. Uno de los jóvenes presentes, puso su mano sobre mi brazo confortándome, "Lo sé. Está bien".

En esa fracción de segundo, mientras miraba a este joven, estos otros estudiantes, la mayoría de los cuales me habían dicho antes que habían crecido en una iglesia u otra, pero que se habían apartado, pensé en Jack. Pensé en las personas que se van, cuando creen que Dios no los ama, o que Jesús solo quiere cambiarlos. Pensé en las personas que simplemente nunca vienen, porque creen que el Evangelio de Cristo no tiene relación con la iglesia que ven en las noticias. Pensé en los tiempos en que la Iglesia no ha estado a la altura del Evangelio y en las muchas personas que hemos perdido por nuestros propios pecados.

Por eso estaba allí, tenía que ir a decirles, tenía que ir a decirles que había un lugar donde la gente sabía que Dios los amaba. Hubo un tiempo en que el Espíritu se movía y la Iglesia escuchaba, y eso significaba que se incluían más personas, en lugar de excluirlas. Tenía que contarles esta buena noticia, porque no pensé que la hubieran escuchado antes. ¿Adivina qué? Dios te ama.

Y esta iglesia actúa así.

Si no lo decimos, ¿quién lo hará?

No esperaba que saltaran y fueran a la iglesia. No tengo ninguna expectativa de que alguno de ellos, en los años posteriores, se haya convertido en un miembro comprometido de su parroquia episcopal local. Si lo hacen, es fantástico, pero sinceramente, no me importa, soy de la firme opinión de que la Buena Nueva del amor

Lo que Jesús nos ordenó en la Gran Comisión es que no nos guardemos estas buenas noticias. Ve y dile a la gente.

de Dios solo es posible si se comparte libremente, sin coacción ni culpa. Mi respuesta al amor de Dios, yendo a la iglesia en gratitud y celebración es una cosa; mis visitas a la iglesia por sentimientos de culpa al no sentirme merecedora del amor de Dios, así que mejor me lo gano, es totalmente otra.

Lo que Jesús nos ordenó en la Gran Comisión es que no nos guardemos estas buenas noticias. Ve y dile a la gente. Dile, que cuando el Espíritu habla, es para derribar paredes divisorias. Dile, que cuando el Espíritu se mueve, es para romper cadenas y reconstruir las ciudades en ruinas. Dile a la gente que cuando sopla el Espíritu, es para empoderar al pueblo de Dios, a fin de que haga lo que aún con sus mejores esfuerzos no puede hacer en ocasiones por sí misma como institución: abrazar e incluir.

Tenemos que contarles esta historia. No borrar su historia y no exigirles algo a cambio, porque si no lo hacemos, otros contarán otra historia en nuestro lugar. Otras voces se alzarán para contar una historia falsa sobre qué y quién es Dios, y lo que Dios quiere. Si guardamos silencio sobre la fe que hay en nosotros, otros mentirán en el nombre de Dios, para satisfacer su propia inseguridad y miedo. Y muchísima gente, incontables, pasarán por la vida sintiéndose abandonados por el Cristo que se entregó por ellos, el Dios que se encarnó para estar con ellos y el Espíritu que fluye permanentemente a su alrededor.

Tenemos que darles palabras para esto. Tenemos que contarles nuestras historias. Nuestras historias de haber sido amados cuando estábamos perdidos y solos. Nuestras historias de tener nuestras mentes cambiadas. Nuestras historias de haber llegado a Cristo cuando no lo esperábamos. Nuestras historias de ser confrontados por un amor tan fuerte que ninguna otra historia podría cambiarlo.

Todos tenemos estas historias, historias de cuando Cristo se hizo real, y de cuando el amor de Dios cambió la forma en que vimos el mundo. Estas historias necesitan ser contadas, porque estas son las historias que iluminan al mundo. Estas son las historias que hacen a Jesús real.

PREGUNTAS PARA EL CAMINO. . .

1. Castellan comparte la historia de sus dudas sobre el evangelismo y cómo las superó. ¿Tienes alguna impresión negativa sobre el "evangelismo"? ¿Cuáles son? ¿De dónde vienen?

2. La palabra "evangelismo" está enraizada en la palabra griega *evangelion*, que significa "buenas noticias". ¿Hay alguna buena noticia, tal vez incluso una historia, acerca de Dios que desearías que otras personas supieran? ¿Cómo podrías compartirla?

Capítulo 5

Sobre los nuevos ministerios multiculturales

Anthony Guillén

"Prefiero quemar mi iglesia antes que dejar entrar a esos mexicanos", me murmuró una feligrés de baja estatura y vestida adecuadamente.

Me habían dicho que esta agonizante congregación estaba interesada en explorar el ministerio latino/hispano, así que llegué con la presentación de PowerPoint en la mano para compartir todo tipo de datos sobre los cambios en nuestro país. Por ejemplo, la Oficina del Censo proyecta que la población de los Estados Unidos aumentará un 42 por ciento para el 2050. Eso incluye un aumento del 167 por ciento en la población latina/hispana, 142 por ciento entre los asiáticos, un aumento del 56 por ciento entre los negros y un crecimiento del 1 por ciento en la población blanca. Estados Unidos ya es el segundo país latino/hispano más grande del mundo.

Compartí estos hechos con gran celo misionero estando a las puertas de esta iglesia, y parte de mí esperaba gritos de "Aleluya" ante esta revelación de una gran oportunidad evangelizadora.

En cambio, mi hermana en Cristo dijo estas palabras: "Prefiero quemar mi iglesia antes que dejar entrar a esos mexicanos". No importaba que su iglesia se estuviera preparando para pronunciar los últimos ritos. Ella habló desde el miedo total, tal vez desde un miedo que sienten otros fieles episcopales, pero que no se atreven a articular. Ella me hizo preguntarme: ¿cuánto le tememos al inmigrante, al extranjero? A quien no se parezca a los que ya están en "nuestra" iglesia ¿Cuánto tememos descubrir algo nuevo sobre nosotros mismos?

Estos temores prevalecen en aparentemente todas las sociedades, pero no son de lo que se trata el Movimiento de Jesús. Somos un movimiento de amor, aceptación e inclusión, un movimiento que requiere tanto *evangelismo* como *reconciliación*. Con crecientes comunidades étnicas en casi todas las ciudades y pueblos de los Estados Unidos, la Iglesia Episcopal podría practicar ambas al mismo tiempo.

Como director de Ministerios Étnicos para el Centro de la Iglesia Episcopal, y como misionero para los Ministerios Latinos/Hispanos, estamos asociados con la oficina de Ministerios Asiático-Americanos, Ministerios de los Negros y Ministerios Indígenas, todos los cuales también trabajan en estrecha colaboración con el equipo responsable de Nuevos Comienzos de la Iglesia e Iniciativas Misioneras. Donde quiera que mires, los episcopales están plantando nuevas iglesias, reconstruyendo congregaciones ya existentes, desarrollando líderes y descubriendo el don del ministerio étnico. En este momento, casi todas las iglesias episcopales podrían participar en alguna forma de ministerio multicultural.

Las múltiples facetas del Ministerio Asiático

Hay signos de esperanza que están surgiendo en todas partes. Los ministerios Asiático-Americanos y el de las Islas del Pacífico en la Iglesia Episcopal se encuentran entre los ministerios más diversos y pan-étnicos. El reverendo Canon Winfred Vergara es misionero

En este momento, casi todas las iglesias episcopales podrían participar en algún tipo de ministerio multicultural.

del personal en esta área, uniendo el ministerio en siete grupos étnicos: iglesias chinas, japonesas, coreanas, filipinas, del sur de Asia, del sudeste asiático y de las islas del Pacífico en los Estados Unidos, y las muchas naciones donde está nuestra iglesia presente (incluyendo Taiwán y Micronesia). Los ministerios se vinculan con los nuevos inmigrantes asiáticos, con los asiático-americanos y con las iglesias anglicanas y ecuménicas en Asia. La alegría y el desafío de servir en esta intersección es como extraer diamantes con múltiples facetas.

A excepción de Filipinas (que es 92 por ciento cristiana, principalmente católica romana) y Corea del Sur (que es 33 por ciento cristiana evangélica), la mayoría de los asiáticos provienen de entornos no cristianos. Como resultado, el ministerio episcopal asiático es inevitablemente un ministerio de diálogo con personas de otras religiones, culturas e ideologías, como los inmigrantes japoneses que provienen de orígenes sintoístas, asiáticos del sur arraigados en el hinduismo, las tradiciones sij o musulmanas, y los del sudeste asiático, por antecedentes budistas, junto con nuevos inmigrantes de China con orientaciones ideológicas comunistas. El ministerio asiático brinda una rica oportunidad misionera más allá de los límites raciales y culturales de la Iglesia Episcopal.

La iglesia de los Santos Apóstoles en St. Paul, Minnesota, tomó en serio el desafío de la misión. La iglesia mayoritariamente europea-estadounidense había disminuido, y el reverendo Bill Bulson fue enviado para ayudar a la congregación a prepararse para su bien morir. Sin que él lo supiera, había una comunidad hmong cercana destinada a cambiar a los Santos Apóstoles.

Los hmong son agricultores de montaña de China y Laos, sin país propio. Durante la Guerra de Vietnam fueron aliados de los Estados Unidos, y después de la guerra, estuvieron en peligro de genocidio. Para sobrevivir, se repatriaron a los Estados Unidos, y muchos se establecieron en Minnesota. Este grupo hmong en particular estaba adorando en la Iglesia Católica Romana en St. Paul, pero habían experimentado el ostracismo y estaban buscando un nuevo lugar para reunirse y celebrar su fe.

Bulson se enteró de su difícil situación y les ofreció las instalaciones del Santo Apóstol. Pensó que tal vez aparecerían unas cincuenta personas; para su sorpresa, llegaron quinientas personas al servicio de adoración. Lo que comenzó como una simple invitación hospitalaria pronto se convirtió en un ministerio robusto con una comunidad ansiosa por aceptar este nuevo hogar espiritual.

La comunidad hmong fue oficialmente bienvenida en la parroquia de los Santos Apóstoles en 2005. En un servicio histórico, trescientos hmong fueron confirmados y recibidos en la Iglesia Episcopal: se necesitaron tres obispos y un servicio de tres horas para lograr esta hazaña. El ministerio continuó echando raíces, y pronto el líder laico Toua Vang fue enviado al Seminario Teológico de Virginia en Alexandria. Fue ordenado como el primer sacerdote hmong. Desde entonces, otros cuatro sacerdotes hmong han sido ordenados.

Los Santos Apóstoles sirve ahora como centro de capacitación para los nuevos ministerios hmong, compartiendo Sabiduría con una iglesia más amplia y deseosa de aprender sobre el ministerio a través de las culturas.

La asombrosa gracia de los Ministerios de los Negros

Esclavizados y libres, del norte y del sur, ricos y pobres: los negros han sido parte de la Iglesia Episcopal desde que esta llegó a nuestras costas. Hoy, los Ministerios de los Negros en la Iglesia Episcopal abrazan a los afroamericanos y las personas de ascendencia africana del Caribe, América del Sur y América Latina, así como a los expatriados de África, muchos de los cuales han escapado de los disturbios civiles en sus países de origen. Ese ministerio en particular en los márgenes ha estado cerca del corazón de la Rev Canóniga Angela Ifill, quien sirvió más de una década como misionera para los Ministerios de los Negros. Ella compartió esta historia de la gracia y el poder vivificador de los Ministerios de los Negros episcopales:

En 2001, el Alto Comisionado de las Naciones Unidas para los Refugiados comenzó a cooperar con los funcionarios estadounidenses para reubicar a los niños perdidos de Sudán, niños huérfanos desplazados por la guerra civil de su país. Muchos de estos niños perdidos eran parte de la Iglesia Episcopal de Sudán y, naturalmente, buscaron iglesias episcopales una vez que se establecieron en los Estados Unidos. En la mayoría de los casos, se les permitía celebrar servicios de adoración a última hora de la tarde, pero rara vez se los invitaba a participar en la adoración o la comunión de la congregación anfitriona. Lamentablemente, muchos de estos llamados "niños perdidos" estaban perdidos para nosotros: dejaron la Iglesia Episcopal y se fueron a otras denominaciones más acogedoras.

Ifill reunió a unos treinta de estos jóvenes para entender cómo la Iglesia Episcopal podría asociarse mejor con ellos. Ella escuchó sus historias, incluida una que le dijo: "Todos nos llaman los 'niños perdidos', pero no estamos perdidos, tenemos a Jesús". Muchos estaban convencidos de que Jesús los había traído a este lugar. "Nuestra misión aquí es ser misioneros para esta iglesia", dijo otro joven.

No esperaron a que su iglesia anfitriona los salvara. En cambio, comenzaron a imaginar cómo podrían apoyarse unos a otros y, lo que es más importante, apoyar a las iglesias que quisieran ministrar con ellos. Elaboraron listas de comunidades y líderes existentes, y determinaron que su número llegaba a miles en unas cuarenta diócesis episcopales. Trabajaron para alertar a varias diócesis de su presencia y de su deseo de unirse con las iglesias anfitrionas y con sus pares que se sentían desplazados. De estas semillas creció el Instituto de Liderazgo Sudanés para el Aprendizaje y el Avance, que brindó capacitación para líderes en sus comunidades y ayudar con la integración de sus congregaciones locales.

En 2012, los líderes del ministerio sudanés fueron invitados por primera vez a asistir a la Convención General en Indianápolis, un importante punto de inflexión en el desarrollo del ministerio. Regresaron a la Convención en 2015, esta vez con propuestas para desarrollar un ministerio sostenible a largo plazo. Los "niños perdidos" dijeron que ahora se sentían conectados y recibidos dentro de la vida de la iglesia. También tenían un lugar en el Movimiento de Jesús.

Nueva vida a través del ministerio latino

Como misionero de la Iglesia Episcopal para los Ministerios Latinos/Hispanos, aprendo todos los días del clero emprendedor y de los miembros que sirven al Movimiento de Jesús en los Estados Unidos y en toda América Latina. Se necesita fe y valor para que estas comunidades de color aparezcan y sean escuchadas en la Iglesia Episcopal, dado el miedo y el racismo que dan forma a gran parte de la vida.

¿Por qué los latinos mantienen la fe? Nuestro objetivo es encarnar una paz cuyo poder sea capaz de derribar las divisiones que nos mantienen separados (Ef. 2:14). Muchos de nosotros encontramos en la Iglesia Episcopal un hermoso hogar espiritual, y estamos dispuestos a perseverar y construir relaciones para resguardarlo. Veo líderes que encarnan ese espíritu reconciliador en toda la Iglesia Episcopal.

En el otoño de 2006, el reverendo Vidal Rivas comenzó su ministerio con una congregación latina con sede en una iglesia episcopal en su mayoría blanca del Área Metropolitana de Washington, DC. El grupo latino tenía solo unos pocos años, pocos

> Nuestro objetivo es encarnar una paz cuyo poder derribe las divisiones que nos mantienen separados (Ef. 2:14). Vemos un hermoso hogar espiritual en la Iglesia Episcopal, y estamos dispuestos a perseverar y construir relaciones para garantizarlo.

miembros, pero pronto creció en número y profundidad espiritual. En un año, Rivas había preparado y presentado veintisiete adultos para ser recibidos en la Iglesia Episcopal.

La congregación anfitriona, alarmada por este crecimiento y por la participación de Vidal en la comunidad, lo calificó de "revolucionario". Finalmente, el rector y la junta parroquial solicitaron a los latinos de su iglesia encontrar un nuevo hogar. La mitad de la congregación abandonó la Iglesia Episcopal en respuesta a este rechazo, pero quienes permanecieron finalmente encontraron un nuevo hogar en San Mateo en Hyattsville, Maryland.

San Mateo era una congregación de Hedging que alquilaba espacio con gran dificultad a una congregación metodista. Vidal y sus treinta y un miembros llegaron a San Mateo en octubre de 2008 y comenzaron un servicio del mediodía intercalado entre las 10:00 am, el servicio episcopal y el de 2:00 pm con servicio metodista. Aunque ocasionalmente se produjeron algunos enfrentamientos mientras negociaban su vida en común; generalmente solo quejas respecto a niños ruidosos y alborotados, la cantidad de reuniones y comidas y, por supuesto, los servicios bilingües, en general, la gente de San Mateo fue cálida y hospitalaria. ¿Quizás Dios podría hacer más con ellos juntos que separados?

En 2010, las dos congregaciones episcopales optaron por fusionarse y formar una iglesia. En 2011, los dos se convirtieron en una sola carne con un solo Consejo Parroquial compuesto por el mismo número de latinos y blancos, y los rectores nombrados como correctores.

Para el 2012, un servicio de 8:00 a.m. que comenzó con doce personas se convirtió en una asistencia promedio de ochenta. El servicio del mediodía que comenzó con treinta y uno creció a un promedio de entre 250 y 400 personas, y en uno nuevo a las 5:00 p.m. el servicio ya había crecido para recibir de entre 80 a 150 congregantes cada domingo. Mientras tanto, la escuela dominical promedió 110 niños.

La iglesia ha seguido evolucionando. Hoy, Rivas es el sacerdote principal y la junta parroquial refleja más estrechamente la proporción de latinos en la congregación. Existe un temor generalizado en toda la Iglesia de que la membresía latina equivale a una caída en los donativos. Pero en cambio, en San Mateo, los latinos ahora hacen promesas anuales que superan a las de sus homólogos blancos. El objetivo no es reemplazar a los miembros blancos con diferentes culturas, pero me siento inspirado cuando veo personas de todas las razas que expresan plenamente su amor por el Dios en cuya imagen todos fuimos creados. Eso está sucediendo en Hyattsville y más allá.

La diversidad y el sueño de Dios

En Apocalipsis 5:9–10, vemos una visión de los santos de "cada tribu, lengua, pueblo y nación" cantando una canción de alabanza ante el trono del Cordero de Dios. El pasaje deja en claro que esta es la intención de Dios para el futuro de la comunidad adoradora y de toda la humanidad. El Espíritu de Dios nos lleva a adoptar una relación multicultural, multilingüe y multiétnica.

Por supuesto, si miramos la era actual, estamos lejos de la intencionalidad de Dios para con la humanidad. Aun así, nos arriesgamos y nos acercamos unos a otros. La intimidad trae algunos conflictos consigo. También nos despierta para ver y celebrar la belleza de la esperanza de Dios para con la humanidad. La iglesia debe ser el "primer fruto" de este sueño, la única comunidad donde la gente ve un vistazo del futuro deseado por Dios. Esta es la dirección del Movimiento de Jesús.

PREGUNTAS PARA EL CAMINO...

1. Si formas parte de una Iglesia Episcopal, echa un vistazo a los datos del censo en el área cercana a tú iglesia. (Ve los datos en www.episcopalchurch.org/evangelism, bajo "Datos demográficos de la iglesia y el vecindario"). Ahora compara la composición racial y étnica del área general de tu iglesia con la composición de tu congregación. ¿Qué notaste? Siéntete libre de expandir el círculo a diversas áreas adyacentes a tu iglesia. ¿Con qué comunidades podría involucrarse su iglesia en una relación?

2. Una mujer dijo que preferiría ver arder a su iglesia antes que dar la bienvenida a los "mexicanos". ¿Cómo responderías ante alguien que ve la diversidad de esta manera?

3. ¿Alguna vez has visto grupos que cruzan las líneas raciales y culturales de una manera que se parezca al Movimiento de Jesús? Descríbelo ahora.

Capítulo 6

Sobre el ministerio con y por los jóvenes adultos

Kellan Day

Durante las últimas décadas, la investigación y las estadísticas han mantenido a las iglesias preocupadas por la disminución de la población de adultos jóvenes. Al igual que los israelitas, nos hemos lamentado y tambaleado, quejándonos de que nuestras iglesias se están reduciendo y culpando sutilmente a Dios, o a los adultos jóvenes, por traernos a esta situación.

Esta es una fuerte tentación. Afortunadamente, no necesitamos vivir con el temor constante de quién ocupará nuestras iglesias veinte o incluso cincuenta años más adelante. Podemos estar seguros de que el Movimiento de Jesús no se marchitará. El evangelismo y el discipulado subsecuente no llegan instantáneamente, pero pueden llegar cuando confiamos hacia donde nos conduce el Espíritu.

No se equivoquen: Dios se ha presentado y continuará transformando iglesias, comunidades y vidas. Me resulta útil recordar las historias de esa abundancia y generosidad, especialmente como lo he visto entre los adultos jóvenes.

Anhelamos Tradición

Recuerdo cuando entré en la rama episcopal del Movimiento de Jesús. Todo comenzó de manera inesperada: un grupo de adultos jóvenes en Grand Rapids, Michigan, entró en una iglesia episcopal. Nos sentamos solos y nos fuimos rápidamente luego de la bendición. Intrigados, pero aún no convencidos de esta, para nosotros, nueva expresión de fe, mantuvimos nuestra distancia y solo experimentamos la liturgia. La rareza y la vejez de todo esto lentamente hizo su magia subconsciente: atrayéndonos, tirando de nuestros cuerpos y nuestros espíritus, sincronizándonos con un antiguo patrón de observación del tiempo y las estaciones. Algunos de nosotros incluso comenzamos a llamarnos episcopales.

Quizás los antiguos feligreses se preguntaron, "¿quiénes son estos jóvenes?" y "¿por qué siguen apareciendo para adorar los domingos por la mañana?" Muchos de nosotros crecimos en iglesias no denominacionales, reformadas y bíblicas, donde nuestra fe tendía a depender de los siempre cambiantes y ahora efímeros sentimientos. Cuando dejamos nuestra adolescencia, parece que también crecimos en nuestra fe. Anhelábamos a Dios, pero no pudimos encontrar a Dios por nuestra cuenta.

Cuando la Iglesia Episcopal nos dio el espacio para explorar el misterio en lugar de fingir certeza, fue como recibir una bebida caliente en una noche de invierno. Cuando comenzamos a practicar nuestra fe en este contexto nutritivo, descubrimos la riqueza de la tradición y la catolicidad (una iglesia que es amplia y busca expresar la fe en muchos contextos). Y más adultos jóvenes continuaron uniéndose a nosotros.

Finalmente, se formó un grupo de adultos jóvenes lo suficientemente grande en Grand Rapids como para organizarnos. Nuestra diócesis solicitó una subvención, y ese dinero catalizó el compromiso diocesano con un cargo remunerado para un misionero adulto joven. Así comenzó nuestro experimento con la comunidad de adultos jóvenes.

Anhelamos Comunidad

La comunidad se reunía todos los jueves por la noche; cocinamos juntos y oramos juntos y discutimos la obra *La comunidad y el crecimiento* de Jean Vanier. A lo largo de la primera temporada del experimento, nuestras amistades crecieron, al igual que nuestro sentido de compromiso.

El líder pionero era alguien talentoso y carismático con una habilidad especial para visualizar y persuadir. Soñaba con un grupo de jóvenes adultos que con el tiempo evolucionaría en su propia comunidad de adoración. Una comunidad inspirada en el movimiento británico *Fresh Expressions*, que buscaba expresar antiguas tradiciones anglicanas de maneras nuevas y ajustadas a los contextos cambiantes de hoy. Su sueño era traer eruditos una noche a la semana, organizar una mesa redonda sobre arte otra noche, llevar a cabo nuestra liturgia típica de Vísperas otra noche más, y (no es de sorprendernos) tener un evento semanal de "Teología de barril" con cerveza y Biblia en público. Esta comunidad cristiana invertiría en el vecindario, incluso en los jardines, alimentaría y alojaría a cualquier persona que lo necesitara.

Era una imagen gloriosa del sueño de Dios. Conozco muchas comunidades que han perseguido algo similar y han prosperado. Pero no necesariamente coincidió con el anhelo o la capacidad de nuestra comunidad particular de jóvenes adultos. Muchos de nosotros nos estábamos mudando desde nuevos hogares y empleos hacia nuevos lugares; no podríamos dedicar toda nuestra vida a este experimento. La mayoría de nosotros participamos porque estábamos buscando amigos, una comida caliente y una comunidad orante en la tundra relacionalmente árida de la vida post-universitaria.

Más importante aún, muchos de los adultos jóvenes de la comunidad estaban conectados y amaban profundamente la vida parroquial con su comunidad intergeneracional. Aunque sería muy fácil estar solo con personas de nuestro propio grupo demográfico, sabíamos que sería espiritual y relacionalmente restrictivo. Le debíamos nuestra fe a mentores amorosos, padres y profesores allá en casa. ¿Por qué querríamos dejar esas relaciones que definen la vida por una comunidad de adultos exclusivamente jóvenes, especialmente cuando vimos personas de nuestra misma edad durante la semana?

Christian Smith, el reconocido sociólogo de la juventud y la religión estadounidenses, ha señalado que las relaciones intergeneracionales son el factor número uno para determinar si los jóvenes permanecen o no involucrados en sus comunidades religiosas. Todos podríamos asumir cierta responsabilidad intergeneracional.

Asimismo, queremos escuchar y bendecir a nuestros pares adultos jóvenes. Todos tenemos muchos amigos que se alejan de la iglesia, a propósito, y accidentalmente. La situación de cada persona puede ser diferente. Un amigo simplemente dejó de creer en Dios después de tomar algunos cursos de biología en la universidad. A otro no le gustó la ansiedad social que acompañaba el domingo por la mañana. Sin embargo, otro era tan idealista sobre la iglesia que no estaba satisfecho con la realidad de la vida eclesial y comunitaria.

Precipitarse intentando que estos amigos regresen a la Iglesia institucional se aparta del verdadero sentido. Amamos a la Iglesia, amamos a nuestros amigos. Y estamos comprometidos a honrar la integridad de ambos grupos. Para el Movimiento de Jesús era importante que continuáramos nuestro viaje compartiendo con ambos mundos.

Anhelamos lo que el mundo no puede dar

Después de seis meses en este experimento de la comunidad de adultos jóvenes, la comunidad llegó a una encrucijada y el joven misionero adulto se fue. Fuimos a tientas durante unos meses, perdidos y sin líderes, hasta que nos dimos cuenta de que necesitábamos ayuda.

El poeta David Whyte nos insta a detener la conversación en tiempos de desolación o errantes. Regrese al silencio, busque a Dios, y entonces puede que tenga algo que valga la pena comentar. Mediante el poder del Espíritu y la ayuda de la Hermana Ann, una monja dominicana que se convirtió en nuestra compañera, discernimos que cada joven adulto estaba comprometido de todo corazón con el proyecto comunitario.

Es importante tener en cuenta que lo que funcionó para nosotros no es una receta para cada ministerio con o por adultos jóvenes. Nuestra visión reflejó el carácter específico y las esperanzas de nuestro grupo. Por ejemplo, la mayoría de nosotros estábamos comprometidos tanto con nuestras reuniones semanales de adultos jóvenes como con nuestras respectivas parroquias. Habíamos encontrado a Jesús los domingos por la mañana, y no nos habríamos perdido la Eucaristía por nada. Como lo expresó la reverenda Beth Maynard en su ensayo sobre adultos jóvenes a fines de la década del 90: "Puedes estar seguro de que si [los adultos jóvenes] están [en la iglesia], es porque queremos algo que no se encuentra tan fácilmente en otros lugares: un Dios vivo y una comunidad espiritual".[17] Y lo que hemos descubierto es que el Evangelio es la historia más magnífica que se haya escuchado, la forma más hermosa de participar en este mundo.

En mi experiencia, no hay necesidad de adornar el Evangelio; solo predicarlo. No hay necesidad de eliminar los elementos tradicionales o más "espirituales" de las reuniones de jóvenes adultos; eso lo lamentamos. No vinimos a la Iglesia Episcopal porque fuera llamativa o porque estuviera actualizada, ni mucho menos. Vinimos porque es una tradición antigua y vivificante que alimenta nuestras almas y cuerpos. O como dice el predicador Jonathan Martin: "Salí

---

17. Beth Maynard, "ISO Peer Group: Episcopal Culture through an Xers Lens", in *Gathering the NeXt Generation: Essays on the Formation and Ministry of GenX Priests,* ed. Nathan Humphrey (Harrisburg, PA: Morehouse Publishing, 2000), 83.

Lo que encontramos, como adultos jóvenes descubriendo nuestro lugar en el Movimiento de Jesús, es que todo comienza con Jesús.

en desesperación pura buscando alguien que me predicara el Evangelio, alguien que me impusiera las manos, y alguien que me ofreciera la Cena del Señor. No había una motivación más noble que simplemente esperar no morir de hambre".[18]

En la mayoría de los casos, el mundo ofrece calorías vacías, insistiendo en que consumamos una experiencia llamativa y comercializable. Lo que encontramos en la comunidad episcopal, como adultos jóvenes, es tan pequeño y mundano, que puede que simplemente sea la obra del Espíritu.

Anhelamos seguir a Jesús

Estamos buscando ser buenos cristianos en el mundo, en nuestras comunidades específicas. En la iglesia aprendemos cómo no solo ser buenos cristianos, sino más plenamente humanos. Jesús nos enseña cómo serlo mediante sus historias irónicas y sus amadas Bienaventuranzas. Es desde este punto de partida, conociendo y buscando a Jesús, que podemos evangelizar y buscar la reconciliación en todos los lugares de quebrantamiento. Lo que encontramos, como adultos jóvenes descubriendo nuestro lugar en el Movimiento de Jesús, es que todo comienza con Jesús. No queríamos iniciar un movimiento para que otros pudieran modelar luego un programa, y aumentar las filas de las parroquias en todo el país. Lo que queríamos era pertenecer a un cuerpo de discípulos: hacer algunos amigos, compartir nuestra fe durante una comida y rezar honesta y consistentemente.

A veces, tal vez la mayoría de las veces, el Movimiento de Jesús se vive en ministerios e historias que no constituyen

---

18. John Martin, "On Going to (an Episcopal) Church," Medium, January 6, 2015, https://medium.com/@theboyonthebike/on-going-to-an-episcopal-church-428781564139#.y91j56eu6.

enormes éxitos. Al contrario, el movimiento va ganando impulso lentamente. Observe la comunidad tan irregular de los discípulos de Jesús desde su origen. Si los datos sobre religión en Estados Unidos son correctos, deberíamos acostumbrarnos a este tipo de camino rocoso hacia el reino. Nuestros presupuestos se recortarán y nuestros edificios continuarán deteriorándose. El miedo, la auto-recriminación y los instintos competitivos probablemente continuarán causando más sufrimiento.

Pero no podemos sucumbir a esas fuerzas. Jesús le dice a Marta en Lucas 10:42 que "hay necesidad de una sola cosa", los cristianos se reúnen y oran en el nombre de nuestro Señor, comen juntos, aman a sus enemigos y cuidan el jardín. Es lo que hacemos. Esta "única cosa" durará más que los edificios decrépitos y la programación obsoleta. Esta "única cosa" dará la bienvenida y desarrollará a los nuevos cristianos de las nuevas generaciones, que buscan una conexión auténtica y significativa con Dios, entre ellos y con nuestros mayores.

Mientras estemos haciendo el trabajo duro y sanador del Evangelio, el Movimiento de Jesús seguirá adelante. Los jóvenes adultos se unen a todos los cristianos en este movimiento porque tenemos mucho que aprender y mucho que compartir, y porque nosotros también queremos seguir a Jesús.

PREGUNTAS PARA EL CAMINO. . .

1. ¿Eres parte de una iglesia o ministerio? Si es así, ¿están los adultos jóvenes presentes y comprometidos? ¿Cómo podría "detenerse la conversación" y buscar activamente una relación con más adultos jóvenes (incluso si usted mismo es un adulto joven)?

2. Piensa por un momento cuáles relaciones intergeneracionales mejoraron tu fe. ¿Cuándo alguien mayor o alguien más joven te acercó a Dios? ¿Qué pasó?

Capítulo 7

Sobre la reconciliación racial y la justicia

Broderick Greer

Luego del asesinato en 2014 del adolescente Michael Brown por el oficial Darren Wilson en Ferguson, Missouri, los cristianos de varias denominaciones y razas llamaron a la Iglesia a participar en el trabajo de reconciliación racial. Estos seguidores de Cristo recurrieron a textos de las escrituras, tradición, experiencia personal y movimientos sociales recientes para emitir esta piadosa invitación, aunque vaga. "El camino a seguir", decía el mantra, "involucra a cristianos: negros, blancos, etc., dejando de lado lo que nos divide y con la voluntad de encontrarnos en la mesa de la reconciliación". Al escuchar estos tópicos, me preocupaba cada vez más.

Para el momento del asesinato de Michael Brown, yo tenía veinticuatro años y era alumno del último año en el Seminario Teológico de Virginia, formándome para la ordenación sacerdotal en la Iglesia Episcopal. Tenía la sensación de que la reconciliación que tantos cristianos bien intencionados encomiaban era solo un guiño a las sustantivas demandas proféticas y apostólicas de reconciliación confiadas al pueblo de Dios en el sacramento del bautismo, estoy más convencido que nunca de que debe haber más en la reconciliación racial que solo los intercambios de púlpito entre iglesias de blancos a negros y el colaboracionismo administrativo de la iglesia, especialmente cuando las circunstancias que conducen a este deseo de reconciliación no son nada nuevas.

El racismo ahoga la forma "amorosa, liberadora y vivificante" del Movimiento de Jesús. La preocupación y el compromiso con el sufrimiento de las poblaciones oprimidas debe unirse a la naturaleza liberadora de la vida bautizada. Una parte de esta obra de amor y liberación está examinando la complicidad entre la Iglesia Episcopal, la mayoría blanca más amplia del cristianismo estadounidense y el racismo, junto a otros pecados sociales, para determinar cómo podríamos practicar una forma de vida que establezca la verdadera justicia y la reconciliación.

Dos cristianismos

El cristianismo blanco estadounidense ha desempeñado un papel destacado en la génesis y el refuerzo del orden social racializado de nuestra nación. Durante siglos, las iglesias blancas utilizaron la Doctrina del descubrimiento para justificar la eliminación cultural de los pueblos indígenas. Durante casi el mismo tiempo, los cristianos estadounidenses blancos han usado la Biblia para justificar el trato inhumano de las personas negras, comenzando con interpretaciones bíblicas que afirmaban que las personas negras llevaban la maldición del Cam (Génesis 9), explicando que las personas negras eran los principales candidatos para la esclavitud. Después de la Guerra Civil, esta interpretación originó a los Cristianos blancos, argumentando que el orden social divino exigía que las razas permanecieran separadas, una reali-

El momento en que vivimos es demasiado urgente (demasiadas vidas perdidas, sueños diferidos y pesadillas hechas realidad) como para comprometernos con cualquier cosa que no sea una "reconciliación" sincera.

dad que se mantiene en los Estados Unidos, dado que las escuelas están tan segregadas racialmente hoy como lo estaban en 1968.[19]

Mientras tanto, mientras los cristianos blancos usaban el cristianismo para excluir o desmoralizar a los negros. Los cristianos negros estaban creando, de maneras ingeniosas, comunidades de pertenencia y canciones de resistencia. En un ensayo de coro del jueves por la noche en la iglesia negra de mi infancia, mi abuela materna, Faerie, nos enseñó esta canción para el movimiento:

También hemos conocido la cárcel y la violencia,
pero el amor de Dios siempre nos verá.
Mantén tus ojos en el premio.
Aguanta, aguanta.

Las interpretaciones de la supremacía blanca del cristianismo sobre la cárcel, la violencia y la esclavitud no podían ni pueden sofocar al Espíritu de liberación que habita en los hijos negros de Dios.

En los últimos años, los negros han salido a las calles de los pueblos y ciudades de Estados Unidos desde Ferguson a Baltimore, de Nueva York a Oakland, para dramatizar su insatisfacción con el statu quo racista, incluso los pueblos originarios, como lo es la tribu Sioux de Standing Rock, lo han hecho cuando se han resistido a la profanación de sus tierras, aguas y sitios sagrados. El momento en que vivimos es demasiado urgente (demasiadas vidas perdidas, sueños diferidos y pesadillas hechas realidad) como para comprometernos con cualquier cosa que no sea una "reconciliación" sincera.

---

19. http://www.pbs.org/wgbh/frontline/article/a-return-to-school-segregation-in-america/.

Cuestión de tiempo

En una entrevista sobre su trabajo en torno a los conceptos del tiempo en la mitología y la narración de los nativos americanos, la poeta y autora Leslie Marmon Silko dijo: "Si el tiempo es circular, si el tiempo es un océano, entonces algo que sucedió hace 500 años puede ser bastante inmediato y real, mientras que algo intrascendente que ocurrió hace una hora podría estar muy lejos", continúa diciendo, "Crecí entre personas cuya experiencia del tiempo es un poco distinta. En su sentido del tiempo, 500 años no están muy lejos, y es por eso por lo que no hay necesidad de la reinterpretación".[20]

En otras palabras, el trauma social nunca es algo que sucedió "hace mucho tiempo", sino que es una fisura muy real, incluso en la vida de aquellos que no experimentaron el trauma en primera persona. Cuando un Michael Brown o una Rekia Boyd es asesinada y sus historias tienen poco tiempo en los medios de comunicación, lo primero que mucha gente piensa es que estos son eventos aislados, que este es un fenómeno nuevo, que ver a esta policía aterrorizando a los cuerpos negros es algo "nuevo". No hay nada nuevo sobre la violencia blanca en los Estados Unidos.

Como implica Silko, el tiempo se puede usar de manera violenta y lineal. Debido a que la cultura dominante, de alguna manera, está destinada a enmarcar su propia historia de oprimir a otros como una serie de eventos no relacionados, así es más fácil convencer a los oprimidos de hoy de que su opresión presente no está ligada a la opresión del pasado. La supremacía blanca se ve reforzada cuando el público está convencido de que el encarcelamiento masivo y la llamada "Guerra contra las drogas" no está en continuidad con la esclavitud de los negros de 1619 a 1865, o que

---

20. Thomas Irmer and Matthias Schmidt, "An Interview with Leslie Marmon Silko (1995)." in *Conversations with Leslie Marmon Silko* (Jackson, Mississippi: University of Mississippi Press, 2000), 149.

las indemnizaciones económicas por la esclavitud negra no se les deben a los afroamericanos vivos.

La supremacía blanca se refuerza cuando está convencida de que no hay curvatura en el tiempo. Y, sin embargo, la sangre de miles de nativos y negros estadounidenses nos llora desde el suelo, rogándonos que recordemos que sus muertes son parte del vasto océano de la historia estadounidense; que sus muertes ocurrieron en el diálogo continuo entre la supremacía blanca violenta e incontrolada y la vida de los negros y nativos en los Estados Unidos.

¿Hacia dónde va la reconciliación?

Cuando los cristianos estadounidenses usan la palabra "reconciliación" en términos de la historia del abuso de los estadounidenses negros por los estadounidenses blancos, existe la implicación de que las dos partes son culpables de la opresión racial en curso, a pesar de los titulares de los periódicos, las estadísticas de Desde la escuela a la cárcel y la de Brutalidad policial cuentan una historia diferente. Si los estadounidenses blancos continúan convenciéndose de que la "tensión racial", y no el racismo anti-negro, es la fuente de los problemas de esta nación, su participación en la reconciliación real seguirá siendo engañosa e ineficaz.

Cualquier discusión sobre la reconciliación que sea fiel a las Buenas Nuevas de Dios en Cristo no tiene miedo de nombrar la realidad de la dinámica del poder. Si una persona es maltratada por su cónyuge durante años y el cónyuge se disculpa repetidamente, pero nunca se refiere al daño hecho o a las medidas concretas que tomará para reorientar la forma en que tratará a su cónyuge, lo llamaremos abuso. Del mismo modo, si los cristianos estadounidenses blancos se disculpan fácilmente, pero se niegan a abordar los problemas subyacentes de terror racial discriminación y las for-

> Cualquier discusión sobre la reconciliación que sea fiel a las Buenas Nuevas no tiene miedo de nombrar la realidad de la dinámica del poder.

mas específicas en que trabajarán para desmantelar la supremacía blanca, es un abuso.

Cuando he discutido la reconciliación de esta manera, regularmente me encuentro con declaraciones curiosas como: "Pero Dios no exige obras o reparaciones antes de ser reconciliados", y no estoy en desacuerdo. Uno de los aspectos más liberadores de la vida bautizada es que no hay requisitos previos para que Dios nos ame y nos perdone de una vez por todas. Cualquier cosa, menos que esa realidad, es una afrenta a la gracia de Dios. Y, sin embargo, el perdón no es un olvido de las malas acciones ni un paso libre hacia nuevos abusos, sino una invitación a una reorientación de por vida.

Volviendo diariamente al Camino de Jesús

Los cristianos episcopales están en una posición única para este tipo de reorientación definitiva, dada la forma como entendemos la conversión. En lugar de ver la conversión como un momento singular en el tiempo, los seguidores de Jesús en el Camino Episcopal entienden que el proyecto de reorientación lanzado en el bautismo se desarrolla a lo largo de la vida, con una combinación gradual de decepciones, victorias, pasos en falso y resurrecciones. Si no viéramos la reorientación personal y el arrepentimiento como un proceso diario, no confesaríamos nuestros pecados diariamente, como lo hacemos tanto en el Oficio Diario como en la Sagrada Eucaristía. Y si la reorientación personal de por vida hacia el amor es algo con lo que estamos comprometidos, entonces también lo es la reorientación social de toda la vida. Después de todo, como ha dicho el teólogo público Cornel West. "La justicia es como luce el amor en público".[21]

---

21. "Cornel West Talks to David Shuster," Al Jazeera-America, February 24, 2014, http://america.aljazeera.com/watch/shows/talk-to-al-jazeera/interviews-and-more/2014/2/24/cornel-west-talkstodavidshuster.html.

A medida que nuestro conocimiento de la crisis ambiental actual alcanza nuevas profundidades, uno consideraría ridículo sugerir que la curación ambiental es un proyecto simple y lineal. En cambio, las personas serias reconocen, respecto a la compensación del daño irreversible hecho por los humanos a la creación en los últimos 150 años, el dinamismo y la diversidad de los desafíos que nosotros y nuestros antepasados hemos impuesto a lo que el libro de oraciones llama "y esta frágil tierra, nuestro hogar insular".[22]

Lo mismo es cierto cuando se trata de nuestra discusión sobre el fin de la supremacía blanca y otras formas de violencia social. Las desigualdades libradas contra los estadounidenses negros por los estadounidenses blancos desde 1619 en adelante no pueden revertirse por completo en la vida de mis hijos o de mí. Lo social, lo económico, y el daño psicológico causado a las mujeres, nativas, negras, LGBTQ y otras poblaciones estadounidenses en nombre de la supremacía blanca, la misoginia y el heterosexismo es irreversible, pero esa realidad no necesita paralizar al pueblo pascual de Dios. ¿Por qué? Porque, como ha escrito el teólogo James Cone: "Dios tomó el mal de la cruz y al árbol de linchamiento y los transformó a ambos en la triunfante belleza de lo divino. Si Estados Unidos tiene el coraje de enfrentar el gran pecado y el continuo legado de la supremacía blanca con arrepentimiento y reparación, hay esperanza 'más allá de la tragedia'".[23]

Existir "más allá de la tragedia" significa reconocer y practicar el poder transformador de la reconciliación y el perdón imbuidos por el misterio pascual. En su resurrección, Jesús no reprende al apóstol Pedro; en cambio, lo vuelve a encargar, rogándole "Cuida de mis ovejas" (Juan 21:17). En el proceso, Jesús nos muestra que el perdón tiene potencial como un medio hacia un futuro restaurador, uno en el que la realidad de la integridad de Dios irrumpe en

---

22. LOC, 293.

23. James Cone, *The Cross and the Lynching Tree* (Maryknoll, NY: Orbis Books. 2011), 66.

el nuestro. Siguiendo a Jesús, podemos reconocer las tragedias de nuestra era actual, entenderlas por lo que son y permitirles influir en nuestro viaje de vida hacia la Nueva Jerusalén, un lugar y un momento en el que cada tribu, nación e idioma celebrará las maravillas de Dios en su propia lengua y tierra natal.

Existir "más allá de la tragedia" significa intercambiar formas sintéticas de reconciliación que borren las cicatrices del linchamiento de Jesús por la densa realidad del Cristo resucitado que conserva las cicatrices de su crucifixión. Hay una honestidad respecto al cuerpo posterior a la resurrección de Jesús, una audacia que aborda su dolor, pero no termina con él. Una señal de que Dios no está interesado en la curación prematura. Esta honestidad de nombrar traumas, cicatrices y otros aspectos desordenados de la experiencia humana debe estar presente en el compromiso de la Iglesia Episcopal de contrarrestar el racismo anti-negro en nuestro tiempo y en las generaciones venideras.

En términos de un proyecto social tan amplio y horrible como la supremacía blanca, la reconciliación no puede suceder sin reparaciones, ya que es imposible conciliar una relación que nunca fue conciliadora, una relación basada en la suposición de que los blancos tenían y tienen derecho a dominar a la gente de color

La sola mención de las reparaciones puede obstaculizar incluso la conversación más progresista sobre el tema racial. El término implica una redistribución radical de la riqueza, el poder y la narrativa. En términos concretos, sin embargo, significa ofrecer cualquier plataforma que podamos tener (foros de los domingos por la mañana, reuniones de formación cristiana) para que las personas tradicionalmente oprimidas cuenten sus historias, normalizando sus experiencias en la vida de la iglesia. Significa salir de nuestros enclaves familiares eclesiales y culturales e invertir el tiempo y los recursos necesarios para encontrarnos con personas diferentes a nosotros.

Durante demasiado tiempo, los nativos estadounidenses y negros, y otras minorías raciales, étnicas, sexuales y de género han sido forzados a los márgenes de la sociedad estadounidense, relegados a oscuras notas al pie de página en los libros de texto de la historia de las escuelas de nuestra nación. La reconciliación racial y la justicia requieren que los cristianos blancos interesados en una transformación social sustancial aprendan cómo sus antepasados crearon y se beneficiaron de su condición, cómo ellos mismos refuerzan esa identidad y cómo esa identidad ha sido y es utilizada para oprimir a otros. Solo en ese autoconocimiento se plantarán las semillas de la integridad social y comenzarán a arraigarse.

PREGUNTAS PARA EL CAMINO. . .

1. Greer habla con franqueza sobre dos versiones del cristianismo: una refuerza la cultura dominante y los sistemas racistas, la otra anuncia la liberación y la reconciliación. Al observar la historia del cristianismo y tu propia experiencia en torno a este último, ¿Has visto momentos en los que se ha apoyado el racismo?

2. Este capítulo incluye varias sugerencias para practicar la reconciliación y la reparación, incluyendo hablar honestamente sobre el racismo blanco, honrar historias y estrategias surgidas de comunidades de color, arrepentirse del pecado del racismo, reparar lo que se ha roto, vincular el trauma de las generaciones pasadas con luchas actuales, adentrarse en espacios poco familiares, en última instancia, ofrecer y recibir perdón. ¿Cuál de estos te parece más crucial para el trabajo de la reconciliación?

Capítulo 8

Sobre el ser parte del mundo

Nora Gallagher

> Jesús también les contó esta parábola: El reino de los cielos es como una semilla de mostaza que un hombre siembra en su campo. Es, por cierto, la más pequeña de todas las semillas; pero cuando crece, se hace más grande que las otras plantas del huerto, y llega a ser como un árbol, tan grande que las aves van y se posan en sus ramas. (Matt. 13:31–32)

El último día de junio, hace cinco años, estaba abriéndome camino a través de la larga lista *antes de que te vayas*. Acababa de marcar "comida para gatos", cuando sonó el teléfono. El tono de la voz de mi amiga Anne fue suficiente para entender que algo malo ocurría: "Nora", dijo. "Algo le ha sucedido a Mark. Estoy en camino al hospital. ¿Podrías encontrarme allí?"

Bajé la lista y salí por la puerta. Y cuando llegué a la puerta de la sala de emergencias, Anne salió corriendo, nos abrazamos y todo nuestro cuerpo tembló.

Nos sentamos en una pequeña mesa de metal con el jefe de bomberos y un capellán esperando que trajeran a Mark. Había tenido "algún tipo de accidente" mientras subía por la costa. Lo traían por helicóptero y en una ambulancia.

Llegó la ambulancia y un grupo de personas con batas de hospital blancas y verdes salieron a su encuentro mientras rodaban una camilla y abrían las puertas de la ambulancia como si estuvieran derribando un muro. Dos hombres adentro ya estaban empujando la camilla, y vi a Mark cubierto en una manta. Una máscara de oxígeno cubría su boca.

"Esto no es bueno", susurró el capellán en mi oído.

Ellos se lo llevaron con rapidez al pasar junto a nosotros, luego entraron al hospital y las puertas se cerraron.

Los seguimos más allá del mostrador de la recepción, y las personas en las puertas y pasillos lucían como trigo aventado por el trillo. Luego estábamos dentro de la sala de trauma y había gente por todas partes. Un médico ladró órdenes, pero todo estaba tranquilo y ordenado. Duró unos largos segundos. Entonces el doctor se volvió hacia Anne. Él la tomó de las manos.

"Esto tiene que parar", dijo. "No estamos obteniendo función cerebral. Necesitamos parar."

Ella gritó, y encorvándose hasta casi doblarse, la intenté tomar en mis brazos, pero era demasiado grande, solo podía sostenerla alrededor de su cintura. Anne dijo que quería quedarse con él, y le dijeron que sí, entonces la habitación quedó vacía excepto por nosotras.

Anne entró sin titubeos, sin esquivarlo. Yo tomé el Kleenex, el agua embotellada y tela para lavarle la cara. Casi no hice nada, y sin embargo mi memoria cinética de ese día es que me recogieron y arrojaron contra una pared y luego me volvieron a levantar y arrojar.

Cuando estás en medio de este tipo de trauma, necesitas una historia muy grande para contenerlo. No quería una página del libro *Muerte para principiantes*, ni algún libro de consuelo a la mano, no vi a Dios en esa habitación. En ninguna parte. Vi a un hombre muerto y a su esposa, mi querida amiga, sollozando en el suelo agarrándolo fuertemente del brazo. Jesús no nos rescató a mí ni a Anne. Si alguien me hubiera dicho ese día que Dios estaba en la habitación, con mucho gusto le habría arrancado los dientes.

> Sabía que había encontrado un lugar lo suficientemente grande como para hundir mi dolor, cansancio y miedo. Era resistente, sin palabras y lleno de vitalidad.

Pasé el resto de esa semana como uno lo hace: ayudando, cocinando, reuniéndome. No encontré a Dios en la iglesia ese domingo. Todos logramos pasar por el funeral de Mark. Y luego mi esposo, Vincent, y yo tomamos un avión y finalmente nos fuimos de vacaciones. Ambos estábamos tan cansados que una vez que llegamos a la cabaña de mis primos en las montañas, tuvimos una gran pelea.

Pero en la mañana, el aire se aclaró. Fuimos a caminar en las altas cascadas. En nuestro camino hacia allá, vimos una cabra montés masticando un arbusto con su piel cayéndose en pedazos como si estuviera usando una alfombra vieja. Desde un sendero de cordilleras, pudimos ver un círculo de picos como un collar de diamantes dentados. Caminamos a través de lupinos, columbinos y arroyos helados. Llegamos a la cima y olimos la guarida de un león de montaña. Cruzamos un vasto campo de nieve. En medio de eso, supe que había encontrado un lugar lo suficientemente grande como para hundir mi pena, cansancio y miedo. Era resistente, sin palabras y lleno de vitalidad. Y fue más que eso.

Después de una semana en las montañas, mis pensamientos y recuerdos sobre la muerte de Mark parecían haber sido girados gradualmente en una centrífuga hasta que cada uno encontró su peso y lugar adecuados. Estaba más que consolada. Sentí que lo que me había estado golpeando desde afuera era ahora parte de mí, porque yo era parte de un orden mayor.

Somos polvo y agua

En 2015, el Papa Francisco publicó una encíclica llamada *Laudato Si*, o "Alabado seas, Señor". Es la primera encíclica papal dedicada exclusivamente al medio ambiente. Es una carta para todos, no solo para los católicos y no solo para los cristianos. Él escribe: "Hemos olvidado que nosotros mismos somos polvo de la tierra [véase Génesis 2: 7]; nuestros propios cuerpos están formados por sus elementos, respiramos su aire y recibimos vida y refrigerio de sus aguas".[24] Francisco dice que más que nada, necesitamos un nuevo corazón. Necesitamos convertirnos. No al catolicismo o incluso al cristianismo, sino a una nueva relación con lo que él llama nuestro hogar común. Una nueva relación con el mundo.

Michael Curry recordó a todos la importancia de las aguas de la creación, para la vida humana y para nuestra relación con Dios, en el otoño de 2016, cuando visitó el campamento de Standing Rock en Dakota del Norte. En Standing Rock, la nación sioux reunió a miles de personas para proteger las aguas del río Missouri y sus sitios sagrados de un oleoducto de petróleo crudo. Curry dijo: "Cuando bautizamos a un nuevo seguidor de Jesucristo, rezamos estas palabras sobre el agua del bautismo: 'Te damos gracias, Padre todopoderoso, por el don del agua'". Citó las muchas formas en que el agua se ha usado para bendecir y saciar a la humanidad y a toda la vida, y rogó a los episcopales honrar y "proteger todas las demás formas de vida".[25]

Si nos imagináramos separados de la tierra y las aguas, estamos perdidos y aislados. Estar vivo es ser parte del mundo.

---

24. Pope Francis, "Encyclical Letter 'Laudato Si' of the Holy Father Francis on Care for Our Common Home," Pt. 2. May 24. 2015.

25. Michael Curry. "Statement in Support of the Advocacy of the People of Standing Rock Sioux Nation," August 25. 2016.

Un hombre me dijo en un taller reciente: "Encuentro a Dios cuando camino a lo largo de un río". Luego lucía avergonzado, como si estuviera diciendo algo que no debía decir. Tanta gente republicanos, demócratas, independientes, cazadores, pescadores y mujeres, excursionistas, observadores de aves, caminantes, dicen que donde fácilmente terminan encontrándose con Dios o teniendo una experiencia de lo sagrado es en el mundo natural. Y ellos, al igual que el hombre que me habló, se sienten incómodos cuando lo dicen, especialmente si asisten regularmente a la iglesia. Y es lógico que lo hagan: El cristianismo tiene reputación de quemar a la gente que le gusta demasiado el mundo. Llamándolos herejes o panteístas. Despidiéndoles desde los puestos de enseñanza.

Pero las tradiciones de fe contienen íntegramente la visión de que Dios está en la naturaleza. Podrías hacer una lista de nombres, como una letanía de cristianos fieles que entendieron y dieron testimonio de ello: Thomas Berry, Teilhard de Chardin, Meister Eckhart, Hildegard de Bingen, Pablo Tillich, Simone Weil. Luego está mi pueblo, los celtas, que sólo se inclinaron ante el cristianismo de estilo romano en el último minuto, e incluso entonces tuvieron bastantes focos de resistencia. Los celtas siguieron el cristianismo de San Juan, con su inclinación más mística. Dios, para Juan, era la Luz de la Vida (estoy en deuda con John Philip Newell por mucha de mi información sobre el cristianismo celta). Los celtas honraban a sus antepasados druidas y sus monasterios a menudo eran colocados cerca o en los bosques druidas.

La misión romana no apreciaba este punto de vista. En el año 664 se encontraron en Whidbey, y los romanos ganaron. En Lindisfarne, donde la misión celta había adorado al aire libre, con el viento y la niebla, se construyó una robusta iglesia de piedra. Pero el camino celta no se extinguió completamente y muchos de sus seguidores se convirtieron en maestros. Uno de ellos fue un hombre del siglo IX, Juan Escoto Eriugena, quien dijo que Dios es la "fuerza vital" de todas las cosas. "Por lo tanto, toda criatura visible e invisible puede ser llamada teofanía."[26]

Martín Lutero lo puso bellamente en una de sus Charlas de Mesa. Cuenta la historia de cómo su esposa, Katie, se quejaba de que siempre hablaba de la presencia de Cristo como algo que está aquí y ahora, pero ella no podía verlo. ¿Dónde está ese Señor Cristo del que hablas constantemente? Lutero responde que Cristo está en todas partes, "en los frijoles de tu jardín, Katie; en las rocas de ahí fuera, e incluso en la cuerda alrededor del cuello de un pobre hombre sin esperanza".

Cristo, este hombre que murió y que de alguna manera volvió a la vida nuevamente, está presente, está en todas partes. En los frijoles de tu huerto, en las aguas de los lagos, ríos y montañas, e incluso en la cuerda que rodea el cuello de un pobre hombre sin esperanza.

Y Jesús mismo lo dice en el Evangelio de Mateo: Es como una semilla de mostaza que un hombre siembra en su campo, y que crece hasta llegar a ser como un árbol, tan grande que las aves se posan en sus ramas. El reino de los cielos es como la levadura que una mujer "mezcla" con tres medidas de harina para hacer fermentar toda la masa. El reino de Dios se encuentra en lo que una ostra logra crear de un grano de arena.

El reino está aquí

Hace tiempo que nos hemos separado del mundo, pensando en él como Otro, separándolo de nosotros y al Cielo como un lugar en otra parte, tal vez más allá de la bóveda celeste. En el peor de los casos, esta teología divide a los seres humanos de donde nacimos y vivimos, y nos define como aquella parte de la vida que es capaz

---

26. John Scotus Eriugena, Periphyseon: *On the Division of Nature in Celtic Christian Spirituality: Essential Writings,* ed. Mary C. Earle (Woodstock, Vermont: Skylight Paths, 2011), 23.

de la santidad, mientras que el resto.... no. También nos ciega a la realidad viviente que nos rodea, a su *constancia*, a su desarrollo. Su consuelo.

> **Panenteísmo:** Dios está en el mundo, y todo el mundo está en Dios.

El mundo no es el Otro. Somos nosotros. Nos hemos acostumbrado a pensar en las parábolas de Mateo como metáforas, y bien pueden serlo. Pero también pueden describir la realidad. Pueden describir lo que se llama no panteísmo, sino panenteísmo: Dios en el mundo y todo en Dios. Las dos cosas, Dios y el mundo, no son dos, sino uno. Son inseparables.

En las parábolas, el reino de los cielos está en todas partes, y es tanto visible como invisible. Cuanto más comprendemos el trabajo de los físicos, más sabemos de lo visible y lo invisible, la onda y la partícula. Sabemos que el mismo material del cual surgió la vida fue polvo soplado hasta aquí desde alguna lejana estrella que jamás veremos. El mundo está hecho de formas y materiales que se mueven y cambian, cosas que no podemos ver exactamente, pero que a menudo sólo podemos aprehender.

La mujer que puso la levadura en el pan puede haberla ocultado porque sabía que era peligrosa y subversiva y que estaba viva. Estaba en el pan que horneó porque estaba en ella. Está en nosotros, en nuestra piel.

En lo profundo de nuestra escritura, y en lo profundo de nuestra tradición, está esta verdad fundamental: el reino de los cielos está aquí, bajo nuestras narices, en las cosas, no separado de ellas, en el aire, en la tierra, en las aguas, en las rocas, en los frijoles, y en la realidad cotidiana y desgarradora de nuestras vidas: en el sudor, en la sangre y en las lágrimas.

Una crisis teológica y ambiental

¿Y qué de nuestro ministerio, nuestra obligación? El verano pasado, después de nuestra primera caminata, sufrimos días de calor y clima seco en las montañas. Los incendios ardieron hacia

Nos hemos alejado tanto del mundo que creemos que podemos tratarlo como una especie de tienda de dulces inagotable, hecha para nuestro placer.

el norte de Canadá, convirtiendo el cielo en un gris sucio. Sabía lo que significaba cuando la gente rezaba por la lluvia. Si comprendemos plenamente la implicación de que el mundo no es separable de nosotros, o de Dios, entonces entenderemos lo que significa estar en lo que llamamos una crisis "ambiental". Estamos en una crisis ambiental, pero más que eso, estamos en una crisis teológica. Nos hemos alejado tanto del mundo que creemos que podemos tratarlo como una especie de tienda de dulces inagotable, hecha para nuestro placer. En nuestro único planeta, estamos consumiendo los recursos del 1½ planetas. Si el pecado es separación de Dios, esto es pecado.

Estando en las montañas el verano pasado, después de tres días de humo y calor, vimos hacia el cielo una tarde mientras se acercaba la tormenta. Y cuando las primeras gotas enormes golpearon las ventanas, salimos corriendo. Dejamos que el agua cayera sobre nuestras caras y supe lo que se entiende por Bendición. Una bendición es un indulto.

Si imaginamos que el reino de los cielos está separado de la Tierra, Dios está *en alguna parte* que no podemos imaginarnos, ciertamente un lugar en el que nunca hemos estado. Y los que mueren, desaparecen, para luego subir *a alguna parte*. Pero si tomamos en serio las parábolas, si el reino de los cielos es mostaza que crece en una colina en tal abundancia de vida que se transforma (milagrosamente) en un árbol que protege y nutre a las aves del firmamento. Si el reino de los cielos es semejante a la levadura que levanta y fermenta y (milagrosamente) hace de la harina y el agua un pan delicioso. Si el reino de los cielos es una perla que se forma (milagrosamente) de la arena… entonces hay otra manera de pensar en el morir, y hacia dónde vamos. En cambio, morimos en, es decir, *volvemos* a la tierra, para ser parte del mundo que nos dio nuestro comienzo, para ser parte de todo lo que vive, se mueve y tiene su ser. Y tal vez nosotros también nos convirtamos, milagrosamente, en algo nuevo.

Esta es una teología que encaja con nuestra tradición, pero cura la división que nos ha hecho sentirnos aislados y arrogantes. Somos parte de una creación continua y vital tan querida como los lirios del campo y el gorrión que cae al suelo.

Dios estaba en la sala de emergencias de ese hospital porque Anne estaba allí. Porque los médicos y las enfermeras estaban allí. Porque estuve allí. El reino de los cielos estaba en esa habitación porque los seres humanos que son parte de la tierra estaban allí. Y el amor estaba allí en su forma final, terca y más desgarradora: porque seguimos amando a alguien incluso después de su muerte.

Esta es la historia que Jesús nos habría contado a Anne y a mí. Él no nos rescató ni a ella ni a mí, porque no nos rescataría del dolor, Él no nos rescatará del dolor porque no nos rescatará del amor. Esta es la esencia visible e invisible de todas las cosas. Este es el Espíritu del que habla Michael Curry como "habitando plenamente a Jesús". Es peligroso, subversivo y vivo. Nos ofrece, siempre, una segunda oportunidad.

PREGUNTAS PARA EL CAMINO. . .

1. ¿Alguna vez has encontrado a Dios en "el mundo"? ¿Dónde y cómo ha ocurrido?

2. Gallagher dice que la gente de fe se ha escindido de la tierra, imaginando que el cielo y Dios están en algún lugar lejano. ¿Cuándo has sido testigo de este tipo de alejamiento? ¿Qué mensaje o recurso encuentras en este capítulo que aborda esta separación?

Capítulo 9

Sobre el liderazgo para el movimiento

Robert Wright

El Movimiento de Jesús, en mi opinión, tiene mucho que ver con el trabajo de reconciliar a la familia humana: defender la dignidad de cada ser humano; confrontar activamente el mal en todas sus formas; experimentando la vida abundante y la alegría que provienen de la co-creación con Dios, es el pueblo de Dios que vive con entusiasmo las promesas de su bautismo.

Mientras muchos de nosotros anhelamos y rezamos por un futuro marcado por la reconciliación, la dignidad y la vida abundante, muchos de nosotros también perdemos la esperanza frente al costo de este sueño. Eventualmente, tienes que esforzarte en la ingrata tarea de mantenerte firme frente a la oposición, el sufrimiento y la pérdida que inevitablemente acompañan al movimiento. Alguien necesita mantener el enfoque para que el grupo pueda discernir lo que se debe llevar adelante y lo que se debe dejar atrás.

Al mismo tiempo, el mundo se mueve a gran velocidad alimentado por una gran ansiedad. Nos unimos al movimiento de Jesús, aunque nos desesperemos por una revolución de la información y la tecnología que no ha revolucionado la capacidad de la familia humana para reconciliarse.

La reflexión de Martin Luther King Jr. es tan cierta hoy como cuando la escribió en 1956:

Has permitido que tu forma de pensar rebase a tu moralidad. Has permitido que tu civilización se distancie de tu cultura. A través de tu genio científico has hecho del mundo un vecindario, pero a través de tu genio moral y espiritual has fallado en hacer de él una hermandad. Así que, Estados Unidos, te pido que mantengas tus avances morales al día con tus avances científicos."[27]

Para ser fieles al Movimiento de Jesús y específicamente para liderar una comunidad que sigue el movimiento, necesitaremos comprometernos para hacerle frente a la distancia de la que habla King, la distancia entre las realidades actuales y nuestras aspiraciones manifiestas como iglesia y nación.

Para mí, esa brecha es donde se destaca un concepto conocido como liderazgo adaptativo. Ronald Heifetz ha escrito resmas sobre el tema, incluyendo *Liderazgo sin respuestas fáciles* y *Liderazgo en línea*, y estos textos son manuales de campo para cualquiera que busque coordenadas confiables sobre cómo navegar por el mapa desorientador de lo que hoy es el cambiante liderazgo moderno. Hay una sinergia entre este tipo de liderazgo y los comportamientos de liderazgo de Jesús que me dan esperanza para el futuro del movimiento.

Acepte el reto de la adaptación

El verdadero trabajo del Movimiento de Jesús es la adaptación. Vale la pena mencionar que el Libro de Oración Común también describe el trabajo de la Iglesia de esta manera. En el prefa-

---

27. Martin Luther King Jr., "Pablo's Letter to American Christians." Dexter Avenue Baptist Church, November 4, 1956, https://kinginstitute.stanford.edu/king-papers/.

El Liderazgo Adaptativo es la capacidad de movilizar a la gente para abordar problemas difíciles, especialmente problemas que la gente prefiere evitar

cio leemos: "Después de consideraciones graves e importantes, y de acuerdo con las diversas exigencias de los tiempos y la ocasiones, puedan hacerse tales cambios y alteraciones".[28]

Y así, desde Jesús, Heifetz y el Libro de Oración, hay un llamado a hacer central el trabajo de cambiar los valores, las normas, los sistemas de creencias y las cosmovisiones. Procuramos el aprendizaje que implica distinguir lo que debe ser conservado de lo que es prescindible. Luego enfrentamos, secuenciamos y procesamos la pérdida que es necesaria para remodelar viejas lealtades y desarrollar nuevas competencias. Esta es la obra que Jesús asume cada vez que dice: "Habéis oído, pero yo os digo..."

Más cerca de donde vivo, en el sur de los Estados Unidos, la entonces gobernadora Nikki Haley, de Carolina del Sur, asumió el compromiso de la adaptación en 2015 luego del asesinato de nueve personas en la Iglesia Metodista Episcopal Africana Madre Emmanuel. Debido a que el perpetrador fue inspirado aviesamente por la historia de la Confederación y su bandera, Haley dirigió el esfuerzo de retirar la bandera de la Confederación de los terrenos de la Cámara de Representantes del Estado de Carolina del Sur. "Esta bandera, aunque es parte integral de nuestro pasado, no representa el futuro de nuestro gran estado", dijo.[29] Como líder del estado, Haley anunció que no temerían el desafío de la adaptación que se les presentaba.

Para Jesús y sus seguidores, el trabajo de adaptación era anun-

---

28. LOC, 9.

29. Jeremy Diamond y Dana Bash, "Nikki Haley Calls for Removal of Confederate Flag from Capitol Grounds," June 24, 2015, http://www.cnn.com/2015/06/22/politics/nikki-haley-confederate-flag-south-carolina-press-conference/.

ciar y encarnar un reino que incluía una cruz, no un rey. Para María, su madre, fue vivir con la incertidumbre y la vulnerabilidad sacrificial que conlleva decir "sí" a Dios. Para Pablo, fue la calamidad y el estatus de forajido al proclamar: "César no es Dios. ¡Jesús es el Señor!"

¿Cuál es tu propósito?

"El poder carente de propósito no tiene sentido y está en bancarrota."[30]

La centralidad del propósito es crucial tanto para la actividad de liderazgo de Jesús como para la de Heifetz. El propósito es, ante todo: fuego. Como nos enseña la ciencia, el cosmos nació del fuego. En el umbral de la nueva vida de Moisés con Dios, al comienzo de la Iglesia hace dos mil años, primero fue el fuego. Cuando Dios hace algo nuevo, siempre hay fuego. Para nosotros, el propósito es el fuego que calienta el corazón, aleja las distracciones, da luz para la visión y genera energía para crear aliados y mantener el trabajo.

De hecho, la raíz indoeuropea de la palabra "propósito", que en inglés sería "*purpose*", es "pur", y significa fuego. Al igual que en la presentación que Jesús hace de sí mismo en Lucas 12, "Vine a traer fuego..." Este fuego es diferente a nuestras pasiones del día a día, a las cosas con las que estamos de acuerdo o a las que les damos "me gusta" y compartimos en Facebook. En un mundo de pasiones en competencia, la pasión es al propósito como la lavanda es al púrpura. El propósito es lo que es visceral, lo que es necesario. Si la visión responde a la pregunta "dónde", y la misión

---

30. Ronald Heifetz, "The Scholarly/Practical Challenge of Leadership." in *Reflections on Leadership,* ed. Richard Cuoto (Lanham, MD: University Press of America, 2007), 31

responde a la pregunta "qué", entonces solo el propósito puede responder a la pregunta "por qué". Se podría decir que la actividad del liderazgo es una consecuencia del propósito.

Hace años, predicando en nuestra catedral de Atlanta, el Obispo Mdimi Mhogolo de Tanganyika Central, hizo al clero de la diócesis una pregunta apasionante e inquietante: "¿En qué cree la Diócesis de Atlanta?" Esa es una pregunta de propósito. Hizo que todos se detuvieran e imaginaran que nuestras 112 congregaciones *podrían* estar unidas en propósito, oración y esfuerzo hacia un futuro deseado.

Jesús fue criado en una familia con propósito. En el momento de su concepción, su madre tenía claro que ella existía para los propósitos del Todopoderoso: "que Dios haga conmigo como me has dicho" (Lc. 1:38). De la boca preadolescente de Jesús oímos: "¿No sabían que tengo que estar en la casa de mi Padre?" (Lc. 2:49). Al principio del ministerio público de Jesús, este reúne a la gente con un propósito: "yo los haré pescadores de hombres" (Mt. 4:19). Incluso en la agonía del Huerto de Getsemaní, donde Jesús se enfrentó a la traición y al sufrimiento antes de su crucifixión, su propósito seguía siendo primordial: "Pero que no se haga mi voluntad, sino la tuya." (Lc. 22:42). Jesús vivió con propósito, y sus seguidores deben seguir su modelo si es que queremos ser eficaces en la creación de movimientos.

El propósito nos mueve hacia lo que es real e inmediato; en otras palabras, hacia una mayor autenticidad. Esa autenticidad es una forma de energía inagotable. La vida y el ministerio pueden estar llenos de tareas, pero hasta que esas tareas encuentren sentido y coherencia en lo real e inmediato, sólo minarán la vida de una comunidad. Llenos de propósito, nos sentimos imparables.

Las asociaciones nuevas y sólidas también surgen de un propósito claro. Las organizaciones e individuos con un sentido claro de propósito se convierten en imanes cargados positivamente capaces de unir a quienes se encuentran aislados. De hecho, tal vez la mejor característica de las asociaciones con fines específicos es el impulso que crean para la innovación. Sólo hay que mirar una banda de jazz para entender este punto. Cada virtuoso toma su ritmo en la improvisación, pero siempre proviene de un tono, un tempo y un esquema común.

Finalmente, un propósito común nos da la capacidad de hablar en términos de resultados a medida que avanzamos, los grupos con un propósito claro y compartido pueden invertir, medir, aprender y corregir el curso cuando sea necesario. ¡Así que recuerden, disparen primero!

Es tiempo de actuar

"El liderazgo es la capacidad de movilizar a la gente para abordar problemas difíciles, especialmente problemas que la gente prefiere evitar." –Ronald Heifetz[31]

Observe que en esta definición no se hace referencia a rasgos, pedigrí, función o algún "aderezo especial". Lo necesario para el liderazgo es compromiso en la ampliación de capacidades para movilizar a la gente en la atención de los problemas que nos aquejan como cultura y como mundo, los mismos problemas que evitamos activamente. En este modelo, "líder" no es lo que uno es o aspira a ser llamado. Liderazgo es lo que uno hace. El liderazgo es actividad.

Jesús encarna este modelo. Es hijo de un obrero sin credenciales. Sus seguidores no tienen experiencia en la organización comunitaria ni en hablar en público. Sin embargo, su paradigma de liderazgo es claro: estaban alineados en su propósito. Se movilizan a sí mismos y a los demás, y con cada lección aprendida, aumentaban su capacidad. Si hay algo que Jesús hizo en los tres años de su ministerio público, fue democratizar la noción de lider-

---

31. Ronald A. Heifetz, *Leadership without East Answers* (Cambridge, MA: Belknap Harvard, 1994), 15.

azgo. En la economía de Jesús, los pescadores pueden predicar. Los samaritanos pueden enseñar al clero judío a ser mejores vecinos. Los más temerosos de la cruz de Jesús se convierten en sus principales heraldos.

Recientemente vi a una congregación practicando esta misma noción de liderazgo. Ante la rápida disminución de la asistencia y de los ingresos, una congregación, llamada San Juan, liberó a regañadientes a su ministro de tiempo completo. Matemáticamente, la decisión fue lógica y muchos se prepararon para la larga marcha hacia el inevitable cierre de la iglesia. Un afligido laico vino a mí determinado a no permitir que su iglesia muriera. Era un hombre con un propósito claro. Por mi parte, asigné a la congregación al sacerdote interino más capaz disponible.

Lo que sucedió en poco más de un año fue asombroso. En poco tiempo, el laico y el ministro exploraron sistemáticamente varios temas claves: la naturaleza introvertida de la congregación y la falta de diversidad dentro de la iglesia (a pesar de que estaba ubicada en un próspero vecindario hispano). Juntos aumentaron el círculo de aliados que acordaron el claro propósito de revitalizar la vida de la congregación, es decir, reclamaron un futuro deseado. Juntos aumentaron el sentido de responsabilidad compartida por la adaptación que debía ocurrir si la congregación iba a levantarse de nuevo. Juntos enfrentaron los sentimientos de pérdida. Juntos, comenzaron a moverse.

Si bien hay demasiados detalles para compartir aquí, puedo decir hoy que esta congregación anteriormente deprimida tiene dos nuevos sacerdotes, uno anglo y otro hispano. Y la congregación hispana se encuentra entre las congregaciones de más rápido crecimiento en la diócesis. En lugar de telarañas, verás niños cubriendo patio de juegos. Se han eliminado los pinos para construir un campo de fútbol para la comunidad en general.

Las organizaciones e individuos con un sentido claro de propósito se convierten en imanes cargados positivamente capaces de unir a quienes se encuentran aislados.

Inténtalo, falla, inténtalo de nuevo

"Hicimos lo mejor que pudimos y esperamos tener otro
día para intentarlo de nuevo." —Andrew Young [32]

Quizás el aspecto más vivificante del comportamiento de liderazgo de Jesús es este: no hay fracaso, sólo aprendizaje. La actividad del liderazgo de Jesús es completamente experimental. Lo ven en el envío que Jesús hace de sus discípulos y en los esfuerzos misioneros de Pablo.

La experimentación es también uno de los elementos claves del liderazgo adaptativo. Llevamos a cabo experimentos dirigidos a lograr fines definidos por un propósito compartido. Después de experimentar, nos reunimos, reflexionamos, refinamos y volvemos a salir para realizar un mejor experimento la próxima vez. Este trabajo es altamente repetitivo. También aumenta tu capacidad de vivir en constante movimiento. Es imposible hacer trabajo de adaptación sin experimentar.

Lo vi claramente en una conversación con Andrew Young. Quien fue compañero y coconspirador de Martin Luther King Jr. Tenga en cuenta que soy estudiante de líderes de movimientos como Jim Lawson, Diane Nash, Marian Wright Edelman y Young. Fueron Lawson y Nash quienes diseñaron estrategias e implementaron sentadas en el comedor que desagregaron el centro de Nashville. Es Edelman quien todavía construye un movimiento para defender a los niños estadounidenses de la pobreza. Fue Young en Montgomery, Alabama, quien ayudó a sostener el movimiento que rompió la segregación en el transporte público.

El Embajador Young me recordó que mientras que la historia concentra los acontecimientos de los derechos civiles en libros y documentales ordenados y convincentes, lo que es más cierto es la cruda incertidumbre, los experimentos esperanzadores, las

---

32. Andrew Young. conversation with author, 2014

decepciones aplastantes, y la pura providencia que resultó en el avance de los derechos civiles y humanos en Estados Unidos. En resumen, me dijo: "Hicimos lo mejor que pudimos y esperábamos tener otro día para intentarlo de nuevo".

Gracias a Dios él y tantos otros cuyos nombres nunca conoceremos se levantaron al día siguiente y realizaron otro experimento hacia el futuro deseado de nuestro país, el futuro tan elocuentemente declarado en los documentos fundacionales de los Estados Unidos.

De la desesperación a la esperanza

Es cierto, hay menos personas que antes asistiendo a los servicios de adoración de la Iglesia en los Estados Unidos, y es una señal de un cambio dramático en los hábitos religiosos de los estadounidenses. Sin embargo, estoy convencido de que la desesperación no es la mejor respuesta o la más fiel en este momento liminal. La mejor respuesta es un llamado a formular preguntas honestas y a efectuar acciones congruentes. Esta actividad mantendrá en tensión a la santa trinidad de la realidad, el dolor y la esperanza que es la sustancia de la labor del movimiento. Esta acción fiel encarnará la vida y los anhelos de Jesús de Nazaret, las historias de personas devotas que llamamos santos y las sabias ideas de autores y maestros como Ron Heifetz.

Ningún súper-cristiano o líder fenomenal descenderá de las experiencias cumbre para intervenir en nuestro favor. La respuesta completa no vendrá en la forma del último libro elogiado por el *New York Times*. Nosotros que tenemos los problemas, nosotros que seguimos a Jesús en su movimiento, co-creando con Dios, somos el pueblo con el fuego, la voluntad y la resiliencia para resolver nuestros problemas humanos más apremiantes. Eso es lo que Jesús enseñó, y él está con nosotros, hasta el fin de los días (Mat. 28, 20).

PREGUNTAS PARA EL CAMINO...

1. ¿Alguna vez has formado parte de un grupo con un claro sentido de propósito? ¿Cómo lo lograron? ¿Qué pudieron hacer como resultado? ¿Cómo se sintió ser parte de un grupo así?

2. Ronald Heifetz dice: "El liderazgo es la capacidad de movilizar a la gente para abordar problemas difíciles, especialmente problemas que la gente prefiere evitar".[33] ¿Qué problemas ve usted que las iglesias tratan de evitar? Si usted es parte de una iglesia o ministerio, ¿qué le gustaría que ellos finalmente abordaran y transformaran? ¿Cómo podría usted ayudar a liderar algo así?

---

33. Heifetz, *Leadership without Easy Answers*, 15.

Mirando hacia atrás para ver hacia adelante

Michael Curry

El Movimiento de Jesús no es una noción fantasiosa, aunque inspiradora por el momento. No es una solución rápida para un problema a largo plazo. Es un solemne llamado a volver, a recuperar las raíces más profundas de quienes somos seguidores de Jesucristo, y así reorientarnos en un tiempo de profunda desorientación. Imagínalo de esta manera.

En 1991, en Nueva York, un equipo de construcción estaba trabajando en un edificio. Se dedicaron a desenterrar algo importante para, entre otras cosas, rehacer las bases. Cavaron y cavaron y un día se toparon con algo subterráneo que nunca habían sospechado. Era un pequeño cementerio que contenía los cuerpos de los africanos en Estados Unidos, algunos libres y otros esclavos.

El equipo hizo una pausa y trajo a arqueólogos, antropólogos y otros expertos, porque se dieron cuenta de que habían tropezado en terreno sagrado. Uno de esos expertos estudió uno de los ataúdes y encontró allí una insignia, un símbolo artístico. Parecía ser un pájaro que se movía hacia adelante con la cabeza hacia atrás. Algunos no tenían idea de lo que estaban viendo, hasta que un antropólogo exclamó: "Ese es Sankofa de Ghana, un símbolo entre los Ashanti y otros. Es un símbolo antiguo de una tradición de sabiduría muy profunda y antigua de África Occidental".

Actualmente, Sankofa es representado muy a menudo con un pollo; a veces es otra ave, pero el punto es que el pájaro se está moviendo hacia adelante, con un claro sentido de dirección, pero está orientado porque está mirando hacia su pasado, recogiendo sabiduría de su herencia, obteniendo la fuerza y el valor necesarios para seguir adelante con un sentido de dirección, integridad y propósito. Sankofa.

Quiero sugerir que enmarcar nuestro ministerio y práctica como participación en el Movimiento de Jesús es un ejercicio en Sankofa. Estamos haciendo lo que Jesús nos enseñó: mirar hacia atrás al mismo tiempo que vemos hacia adelante.

Porque si miras la Biblia, lo que vas a ver es el Movimiento de Jesús. Si miras a los primeros cristianos, lo que vas a ver es el Movimiento de Jesús. Ahora imagina lo que pasaría si la gente mirara a esta Iglesia Episcopal, a nuestros ministerios de evangelismo y reconciliación, con jóvenes adultos y comunidades de color, con la tierra y con toda clase de cambios... imagina si nos miraran a nosotros y vieran a Jesús y su movimiento.

Puedo verlo. Puedo vernos comprometiendo el corazón, la mente y el alma a seguir el camino de Jesús, el camino del amor liberador y vivificante de Dios. Y ese amor realmente nos hará libres a todos.